C·H·Beck
PAPERBACK

Adolf Hitler – ganze Bibliotheken sind über den Mann geschrieben worden, der die Nationalsozialisten an die Macht brachte, einen Weltkrieg entfachte und die Ermordung der europäischen Juden, millionenfaches Leid und einen zerstörten Kontinent als sein Erbe hinterließ. Mit großer Kennerschaft gibt Volker Ullrich in diesem Band Auskunft zu zentralen Fragen der Hitler-Forschung. Seine «101 Fragen» sind eine vorzügliche Einführung in das Leben und Wirken der furchtbarsten Gestalt der deutschen Geschichte.

Volker Ullrich ist Historiker und leitete bis 2009 das Ressort «Politisches Buch» bei der Wochenzeitung «Die ZEIT». Er hat zahlreiche Werke zur deutschen Geschichte vorgelegt, darunter bei C.H.Beck den Band «Die Revolution von 1918/19» (Wissen) sowie bei S. Fischer die Bücher «Die nervöse Großmacht. Aufstieg und Untergang des deutschen Kaiserreichs 1871–1918» und «Adolf Hitler» (2 Bände 2013/2018).

Volker Ullrich

Die 101 wichtigsten Fragen

Hitler

Verlag C.H.Beck

Mit 9 Abbildungen und Vignetten

Originalausgabe

Satz: Fotosatz Amann, Memmingen
Druck und Bindung: Druckerei C.H.Beck, Nördlingen
Umschlaggestaltung: Reihenkonzept: malsyteufel, Willich
Umschlagabbildung: Hitler eröffnet die Teilstrecke Breslau–Kreibau der Reichsautobahn (1936), © akg-images, Berlin
Printed in Germany
ISBN 978 3 406 73525 7

www.chbeck.de

Inhalt

VIII. Vernichtungskrieg und Holocaust

IX. Der Untergang

Anhang

Vorbemerkung

«Wenn man sich auch dagegen sträubt, immer wieder muß man sich mit Adolf Hitler beschäftigen. Wie war es möglich, daß dieser Mann die ganze Erde in Wallung bringen konnte?» Das notierte Justizinspektor Friedrich Kellner aus dem hessischen Städtchen Laubach im Dezember 1942. Seine Tagebücher der Kriegsjahre 1939 bis 1945, die 2011 veröffentlicht wurden, zählen zu den wichtigsten Entdeckungen der letzten Zeit. Denn sie widerlegen eindrucksvoll eine in den Nachkriegsjahrzehnten hartnäckig gepflegte Legende, man habe von den Untaten des NS-Regimes nichts gewusst und auch nichts wissen können. Die Aufzeichnungen Kellners hingegen zeigen zweifelsfrei: Man konnte selbst in der Provinz alles wissen, wenn man nur wissen wollte, das heißt, sich die Sinne nicht durch die nationalsozialistische Propaganda vernebeln ließ.

Wie war es möglich? Das ist bis heute, bald 75 Jahre nach Kriegsende, die Frage aller Fragen geblieben. Man kommt bei ihrer Beantwortung um die Figur Adolf Hitlers nicht herum. Die unter seiner Herrschaft verübten monströsen Verbrechen verlangen immer aufs Neue nach Erklärungen. Und deshalb werden auch die Historiker nicht aufhören, sich mit dieser Schreckensgestalt zu beschäftigen.

Bücher über Hitler und den Nationalsozialismus füllen mittlerweile ganze Bibliotheken, und jedes Jahr kommen neue hinzu. Selbst für Fachleute wird es zusehends schwieriger, sich auf dem Laufenden zu halten. Und obwohl nach einer verbreiteten Ansicht über den «Führer» alles gesagt ist, tauchen doch unvermutet immer wieder Quellen aus staatlichen Archiven und privaten Hinterlassenschaften auf, die neue Einblicke in die Persönlichkeit Hitlers und bestimmte Phasen seines Lebens geben. Auch das private Umfeld des Diktators ist in den vergangenen Jahren verstärkt ins Blickfeld der Forschung geraten. Darüber hinaus ist eine Reihe von Monographien erschienen, die unser Wissen über Grundlagen und Funktionsweise der NS-Herrschaft bereichert haben.

Parallel zur anhaltenden wissenschaftlichen Beschäftigung und weitgehend davon abgekoppelt hat sich auch die Unterhaltungsindustrie des Gegenstands bemächtigt. Dabei lassen sich zwei scheinbar widersprüchliche Tendenzen beobachten: Auf der einen Seite erscheint Hitler als eine Chiffre für das absolut Böse, als eine Art Pop-Ikone des Grauens, die, marktgerecht ins Bild gesetzt, die größten Schauereffekte verspricht. Auf der anderen Seite, und neuerdings verstärkt, ist die Neigung zu erkennen, ihn als bloße Witzfigur vorzuführen, als einen für die Spaßgesellschaft zurechtgestutzten komischen Kauz. Symptomatisch hierfür ist der Überraschungsbestseller von Timur Vermes «Er ist wieder da», der Hitler im Jahr 2011, 66 Jahre nach seinem Selbstmord, wiederauferstehen und in eine zweite Karriere als Comedy-Star im Privatfernsehen starten lässt. Inbegriff des Verworfenen oder grotesker Clown – dahinter verschwindet die reale Figur beziehungsweise wird nur noch als ein Zerrbild kenntlich.

Für den vorliegenden Band ergibt sich daraus eine doppelte Aufgabe: Zum einen richtet er sich gegen trivialisierende Deutungen der beschriebenen Art; zum anderen möchte er über Ergebnisse und Erkenntnisse der neueren Forschung informieren. Natürlich können nicht alle Fragen beantwortet werden, die sich im Zusammenhang mit Hitler stellen. Aber der Verfasser hofft doch, über einige der wichtigsten hinreichend Auskunft zu geben. Gerade jungen Leserinnen und Lesern, für die die zwölf Jahre der NS-Diktatur eine ferne Vergangenheit sind, soll das Buch Orientierungen bieten und dazu anregen, zu einer der zumeist umfänglichen Hitler-Biographien zu greifen, die in den Literaturhinweisen aufgeführt sind.

Herzlich danken möchte ich Dr. Detlef Felken, dem Cheflektor des Verlages C.H.Beck, der mich zu diesem Band ermuntert und seine Drucklegung begleitet hat.

I. Herkunft und Prägungen

1. Woher stammte Hitler? Hitlers Familienverhältnisse sind einigermaßen verworren und gaben immer wieder Anlass zu Gerüchten und Spekulationen. Seine Vorfahren stammten aus dem Waldviertel, einer bäuerlich geprägten Region im Norden Niederösterreichs an der Grenze zu Böhmen. Hier, in dem kleinen Ort Strones bei Döllersheim, wurde 1837 Hitlers Vater Alois geboren. Seine Mutter, die ledige Magd Anna Maria Schicklgruber, heiratete fünf Jahre später den Müllergesellen Johann Georg Hiedler aus Spital bei Weitra. Ob dieser allerdings der leibliche Vater von Alois war, ist ungewiss. Möglicherweise kommt auch Johann Georgs jüngerer Bruder Johann Nepomuk in Frage, ein wohlhabender Bauer in Spital, der den Jungen vermutlich noch vor dem frühen Tod der Mutter 1847 in seine Obhut nahm und ihn wie seinen eigenen Sohn großzog. Alois Schicklgruber besuchte die Volksschule und lernte anschließend in Wien das Schuhmacherhandwerk. 1855, mit 19 Jahren, trat er in den Zolldienst der k. u. k. Monarchie ein und machte hier eine für einen Mann seiner Herkunft und Schulbildung bemerkenswerte Karriere. 1875 erklomm er mit der Beförderung zum «Zollamtsoffizial» einen Rang in der Beamtenhierarchie, der üblicherweise Abiturienten vorbehalten war.

Ein Jahr später, im Juni 1876, erschien sein Ziehvater Johann Nepomuk in Begleitung von drei Zeugen in der Kanzlei des Notars Josef Penker in Weitra und erklärte, dass Alois der Sohn seines 19 Jahre zuvor verstorbenen Bruders Johann Georg Hiedler sei. In dem vom Notar aufgesetzten Protokoll tauchte anstelle von «Hiedler» erstmals «Hitler» auf – so genau nahm man es damals mit der Schreibweise von Namen offenbar nicht. Entsprechend änderte der Pfarrer in Döllersheim den Eintrag im Taufbuch. Für die politische Karriere des «Führers» sollte die Namensänderung wichtig werden. Denn «Hitler» klang markiger als das weiche «Hiedler», und eine Grußformel «Heil Schicklgruber» hätte wohl eher für Erheiterung gesorgt.

Über die Motive für die rückwirkende Legalisierung der Vaterschaft ist viel gerätselt worden. Vermutlich gaben erbrechtliche Überlegungen den Ausschlag. Johann Nepomuk hatte seinen Ziehsohn zum Haupterben seines Vermögens bestimmt. Als amtlich anerkanntes Geschwisterkind musste Alois eine wesentlich niedrigere Erbschaftssteuer entrichten, als er es im anderen Fall hätte tun müssen. Wie dem auch sei – fest steht, dass die Identität von Adolf Hitlers Großvater väterlicherseits ungeklärt ist. Bereits früh kamen Gerüchte über eine angebliche jüdische Abstammung auf. Nach 1945 wurden sie genährt durch das Zeugnis eines engen Gefolgsmannes des «Führers»: In seinen in der Nürnberger Haft geschriebenen Erinnerungen «Im Angesicht des Galgens» behauptete Hans Frank, im Zweiten Weltkrieg Generalgouverneur im besetzten Polen, Hitlers Vater sei von einem jüdischen Kaufmann namens Leopold Frankenberger in Graz gezeugt worden, in dessen Haushalt Anna Maria Schicklgruber tätig gewesen sei. Eingehende Nachforschungen haben ergeben, dass diese Geschichte jeder Grundlage entbehrte.

Alois Hitler heiratete dreimal. Die erste Ehe mit einer Beamtentochter aus Braunau wurde geschieden, nachdem ihr Mann eine Affäre mit der sehr viel jüngeren Kellnerin Franziska Matzelsberger eingegangen war. Aus dieser Verbindung gingen zwei Kinder hervor: ein Sohn, Alois junior, und die Tochter Angela. Als seine zweite Frau 1884 schwer an Tuberkulose erkrankte und bald darauf starb, engagierte Alois Hitler als Haushaltshilfe eine Cousine zweiten Grades, Klara Pölzl, und begann ein Verhältnis mit ihr. Klara Pölzl, 1860 in Spital geboren, also 23 Jahre jünger als ihr Mann, war eine Tochter des Kleinbauern Johann Baptist Pölzl und dessen Frau Johanna, die wiederum eine Tochter von Johann Nepomuk, dem Ziehvater von Alois Hitler, war. Heiraten konnte das Paar erst 1885, nachdem der wegen der Verwandtschaft notwendige päpstliche Dispens erteilt worden war.

Klara Hitler gebar in rascher Folge sechs Kinder – die ersten drei starben früh. Am 20. April 1889 brachte sie in Braunau, Vorstadt Nr. 219, das vierte Kind zur Welt. Unter dem Namen Adolf wurde es am Ostermontag getauft. 1894 folgte Sohn Edmund, 1896 Tochter Paula. Edmund starb bereits 1900 an Masern, während Paula als einzige leibliche Schwester Adolf Hitlers das Kriegende 1945 überlebte und erst 1960 starb.

Als Reichskanzler unternahm Hitler einige Anstrengungen, um die Spuren seiner Herkunft zu verwischen. Nach dem Anschluss Österreichs 1938 ließ er mitten im Waldviertel einen großen Truppenübungsplatz errichten und das Gebiet zum militärischen Sperrgebiet erklären. Die Bewohner wurden umgesiedelt und Dörfer zerstört, darunter auch Strones, wo Hitlers Vater geboren worden war, und Döllersheim, auf dessen Friedhof Hitlers Großmutter ihre letzte Ruhestätte gefunden hatte.

2. Wuchs Hitler in ärmlichen Verhältnissen auf? In seinen Reden und späteren Monologen im Führerhauptquartier hat Hitler immer wieder den Eindruck zu erwecken versucht, als sei seine Kindheit und Jugend durch große materielle Not überschattet gewesen. Doch das entspricht nicht den Tatsachen. Als «Zollamts-Oberoffizial», auf der letzten Stufe seiner Beamtenlaufbahn, bezog Alois Hitler, wie er sich seit 1876 nannte, ein Jahresgehalt von 2600 Kronen – etwa so viel wie damals ein Schuldirektor. Die Familie Hitler zählte also zum gut situierten Mittelstand. Auch als Hitlers Vater 1895, im Alter von 58 Jahren, in den Ruhestand ging, bekam er eine Pension von 2200 Kronen, stand sich also kaum schlechter als vorher. Allerdings musste von dem Einkommen eine siebenköpfige (und nach dem Tod des Sohnes Edmund 1900 sechsköpfige) Familie ernährt werden: neben Alois und Klara Hitler die beiden Kinder aus erster Ehe, Alois jr. und Angela, sowie die Kinder Adolf und Paula, so dass der Zollbeamte keine großen Sprünge machen konnte. 1895, im Jahr seiner Pensionierung, erwarb Alois Hitler ein großes Anwesen in Hafeld bei Lambach. Doch als Hobbylandwirt war er wenig erfolgreich. 1897 veräußerte er den Hof und kaufte ein Haus mit Grundstück in Leonding bei Linz.

Nach dem plötzlichen Tod ihres Mannes im Januar 1903 bezog Klara Hitler eine Witwenrente in Höhe von 1200 Kronen jährlich, dazu kamen noch Erziehungsbeiträge für Sohn Adolf und Tochter Paula von zusammen 480 Kronen jährlich. (Stiefsohn Alois hatte bereits 1896 die Familie verlassen, Stieftochter Angela heiratete 1903 den Beamten Leo Raubal und zog danach aus.) Zum Haushalt gehörte noch eine jüngere Schwester Klaras, die ledige Johanna Pölzl, die «Hanni-Tante», die zum Unterhalt der Familie beitrug. 1905 verkaufte Klara Hitler das Haus in Leonding und mietete eine Etagenwohnung in der Humboldtstraße 31 in Linz. Zwei Jahre später bezog sie mit ihrer Familie im kleinen Ort Urfahr auf der anderen Seite der Donau eine Neubauwohnung. Vom Verkauf des Hauses blieb ein Vermögen von rund 6000 Kronen. Als Klara Hitler im Dezember

1907 im Alter von nur 47 Jahren an Brustkrebs starb, bekamen Adolf und Paula Hitler eine Waisenrente von jeweils 25 Kronen monatlich zugesprochen. Das väterliche Erbe von jeweils 652 Kronen wurde auf ein Sperrkonto bis zum 24. Lebensjahr festgelegt, aber über den mütterlichen Erbteil von rund 2000 Kronen, 1000 Kronen für jeden, konnten Klaras Kinder bereits verfügen. Dazu gewährte die «Hanni-Tante» ihrem Neffen Adolf ein Darlehen in Höhe von 942 Kronen, so dass dieser, als er im Februar 1908 nach Wien aufbrach, über eine Summe von rund 2000 Kronen verfügte – ein finanzielles Polster, das es ihm zunächst gestattete, den aus Linz gewohnten müßiggängerischen Lebenswandel fortzusetzen.

Im Herbst 1909 war das mütterliche Erbe jedoch weitgehend aufgezehrt, und erst jetzt hat der Zwanzigjährige offenbar eine kurze Phase der Entbehrungen durchgemacht, die er später für seinen gesamten Aufenthalt in Wien reklamierte. Nicht geklärt ist, ob und wie lange er in einem Obdachlosenasyl hat übernachten müssen. Durch den Verkauf selbstgefertigter Ansichtskarten und Aquarellbilder konnte er sich jedoch bald eine Einnahmequelle verschaffen, die ihm im Februar 1910 ermöglichte, in das Männerheim in Wien-Brigittenau, Meldemannstraße 27, einzuziehen, wo er drei Jahre verbrachte. Das Männerheim war keineswegs ein Elendsquartier, sondern ein für damalige Verhältnisse recht modernes Haus mit vorbildlichen Gemeinschaftseinrichtungen, unter anderem einem großen Lesesaal mit Bibliothek. Für jeden Bewohner gab es eine eigene kleine Schlafkabine mit elektrischem Licht. Produktion und Verkauf seiner Bilder spielten sich so gut ein, dass Hitler sich selbst versorgen und 1911 auf seinen Anteil an der Waisenrente zugunsten seiner Schwester Paula verzichten konnte. Nach Vollendung des 24. Lebensjahres am 20. April 1913 bekam Hitler das väterliche Erbe ausgezahlt, das seit 1903 von 652 auf 819 Kronen und 98 Heller angewachsen war. So abgesichert, zog er im Mai 1913 nach München, wo er bis zum Beginn des Ersten Weltkriegs weiterhin recht auskömmlich auch vom Verkauf seiner Aquarelle lebte.

3. Wurde bereits in der Kindheit der Keim gelegt für die spätere mörderische Karriere? Nach den Annahmen der Psychoanalyse gelten die ersten Lebensjahre als entscheidend für die Prägung und Entwicklung einer Persönlichkeit. Nicht wenige Historiker und Psychologen sind daher der Versuchung erlegen, im jungen Hitler bereits Züge des künftigen Monsters entdecken zu wollen. So hat man die Tatsache, dass das Kind des Öfteren durch den Vater Prügel bezogen hat, als eine Ursache angeführt für die spätere Gewaltbereitschaft und schließlich mörderische Politik des Diktators. Doch körperliche Züchtigung war damals ein durchaus übliches Erziehungsinstrument. Die Konstellation in der Familie Hitler – ein autoritär-repressiver Vater, eine liebevoll-ausgleichende Mutter – war eher typisch für Mittelschichtfamilien um die Jahrhundertwende. Der Berliner Gauleiter der NSDAP Joseph Goebbels notierte im August 1932 nach einem Gespräch mit dem «Führer»: «Hitler hat fast genau dieselbe Jugend durchgemacht wie ich. Der Vater Haustyrann, die Mutter eine Quelle der Güte und der Liebe.»

Nach allem, was bislang bekannt ist, scheint Hitler eine ziemlich normale Kindheit verbracht zu haben. Jedenfalls gibt es keine gesicherten Erkenntnisse über eine abnorme Persönlichkeitsbildung, aus der sich die späteren Verbrechen ableiten ließen. Wenn es ein Problem in der Erziehung des Jungen gab, dann war es eher ein Zuviel als ein Zuwenig an mütterlicher Zuwendung. Klara Hitler hatte die ersten drei Kinder bald nach der Geburt verloren; ihr viertes, Adolf, war ihr verwöhnter Liebling. Das hat möglicherweise dazu beigetragen, im jungen Hitler ein zur Selbstüberschätzung neigendes Ego auszubilden, mit einem Hang zur Rechthaberei und der Bereitschaft, unangenehmen Anstrengungen aus dem Wege zu gehen.

4. Warum scheiterte Hitler an den Anforderungen der höheren Schule? Adolf Hitler besuchte von 1895 bis 1900 die Volksschulen in Fischlham, Lambach und Leonding. Das Lernen fiel ihm leicht, und er erbrachte ausnahmslos gute bis sehr gute Leistungen. Das änderte sich mit dem Übergang zur Realschule in Linz im September 1900. Gleich am Ende des ersten Schuljahres blieb der Zwölfjährige mit einem «Nicht genügend» in Mathematik und Naturgeschichte sitzen. Auch in den beiden folgenden Schuljahren schaffte er die Versetzung nur unter Mühen. Sein ehemaliger Klassenlehrer Dr. Eduard Huemer erinnerte sich 1924 an den «hageren blassen Jungen», der zwar «entschieden begabt», aber «nicht fleißig» gewesen sei. «Widerborstig, eigenmächtig, rechthaberisch und jähzornig», sei es ihm «sichtlich schwer» gefallen, «sich in den Rahmen einer Schule zu fügen».

In «Mein Kampf» hat Hitler sein schulisches Versagen damit erklärt, dass ihn sein Vater nach eigenem Vorbild in eine Beamtenlaufbahn habe zwingen wollen – ein Gedanke, der ihm, der sich früh zum Künstler berufen gefühlt habe, gänzlich unerträglich gewesen sei. Doch wenn Hitlers Vater tatsächlich vorgehabt haben sollte, aus seinem Sohn einen Beamten zu machen, dann hätte er ihn wohl eher aufs humanistische Gymnasium und nicht auf die Realschule geschickt, die vor allem auf technische und kaufmännische Berufe vorbereitete.

Den wohl wichtigsten Grund für Hitlers schlechtes Abschneiden hat sein Klassenlehrer richtig erkannt: In den Jahren der Pubertät konnte sich der renitente Schüler nur schwer in den Schulbetrieb einfügen. Gegen die Fächer, die ihn nicht interessierten, entwickelte er einen lebhaften Widerwillen. Auch als sein Vater 1903 starb, besserten sich die schulischen Leistungen nicht. Im Schuljahr 1903/04 wurde er nach einer Nachprüfung nur unter der Bedingung versetzt, dass er die Schule wechselte. Klara Hitler schickte ihn daraufhin in die Realschule nach Steyr, achtzig Kilometer von Linz entfernt. Aber auch dort wollte sich der Schulerfolg nicht recht einstellen, und im Herbst 1905 gelang es dem Sechzehnjährigen, eine Krankheit vortäuschend, seine Mutter davon zu überzeugen, ihn endlich von der Schule zu nehmen. Zurück blieb ein unbändiger Hass auf die Lehrer. Der Einzige, den Hitler ausnahm, war sein Geschichtslehrer in Linz, Dr. Leopold Pötsch, der, wie er noch in «Mein Kampf» lobend hervorhob, es verstanden habe, «durch eine blendende Beredsamkeit nicht nur zu fesseln, sondern wahrhaft mitzureißen».

5. Inwiefern waren die Jahre in Wien prägend für Hitlers Entwicklung? Im Februar 1908, nach dem Tod der Mutter, zog Hitler nach Wien, in die Hauptstadt der Doppelmonarchie Österreich-Ungarn. Hier verbrachte er fünf Jahre, bis Mai 1913. Die Eindrücke, die in dieser Zeit auf ihn einwirkten, waren in mancher Beziehung bedeutungsvoll für seinen späteren Lebensweg. Bereits vor seinem Umzug, im September 1907, hatte er sich um die Aufnahme in die Akademie für Bildende Künste in Wien beworben, war aber in der entscheidenden zweiten Runde ausgeschieden. Im September 1908 bewarb er sich ein zweites Mal. Diesmal wurde er – anders als beim ersten Mal – nicht einmal mehr zum Probezeichnen zugelassen. Für den Neunzehnjährigen bedeutete die Ablehnung eine herbe Enttäuschung. Der Traum von der großen Künstlerkarriere war vorerst ausgeträumt. Vermutlich war dies ein Grund, warum er sich stärker für Politik zu interessieren begann. Mehrfach besuchte er den Reichsrat, das Parlament der westlichen Reichshälfte der k. u. k. Monarchie, und verfolgte von der Tribüne aus den heftigen, bis in Prügeleien ausartenden Streit zwischen den Vertretern der verschiedenen Fraktionen und Nationalitäten. Sein Widerwille gegen Parlamentarismus und Parteien, so hat er später behauptet, sei damals geweckt worden.

Man kann annehmen, dass das erregte politische Klima in Wien um die Jahrhundertwende den für radikale Losungen empfänglichen jungen Mann nicht unberührt ließ. Seine Sympathien gehörten Georg Ritter von Schönerer, dem Gründer und wortmächtigen Führer der Alldeutschen Bewegung in Österreich. Dessen Programm eines Zusammenschlusses Deutsch-Österreichs mit dem Deutschen Reich, das die Auflösung des Habsburger Vielvölkerstaats zur Folge haben musste, übte auf Hitler eine nachhaltige Wirkung aus. Sein zweites politisches Idol war Wiens populärer Bürgermeister und Gründer der Christlich-Sozialen Partei, Karl Lueger. Hitler bewunderte den Volkstribun nicht nur wegen seiner Rednergabe, sondern auch wegen seiner beeindruckenden Leistungen bei der Modernisierung der Wiener Infrastruktur. «Lueger war die größte kommunalpolitische Erscheinung, der genialste Bürgermeister, der je bei uns gelebt hat», lobte ihn Hitler noch in einem seiner Monologe im Führerhauptquartier «Wolfsschanze» im Dezember 1941. Als Lueger im März 1910 zu Grabe getragen wurde, befand sich sein jugendlicher Verehrer unter den vielen Tausenden Trauernden am Straßenrand.

Hitlers Verhältnis zu den Sozialdemokraten, neben den Christlich-Sozialen die stärkste Kraft im Wien der Vorkriegszeit, war demgegenüber ambivalent. Einerseits berührte ihn das soziale Elend, auf das er in den schäbigen Quartieren der Arbeiterviertel stieß. Andererseits war er beherrscht von der Furcht, selbst eines Tages ins Proletariat abzusinken. Dass er für einige Zeit als Hilfsarbeiter auf einem Bau gearbeitet habe, wie er später in «Mein Kampf» erzählte, ist vermutlich eine Erfindung. Als Sympathisant der Alldeutschen lehnte Hitler die auf Verständigung mit den slawischen Völkern gerichteten Bestrebungen der österreichischen Sozialdemokratie ab. Überdies verdächtigte er die Führer der Partei, die Notlage der arbeitenden Bevölkerung nur für ihre selbstsüchtigen Zwecke auszunutzen. Die Gegnerschaft gegen die als «undeutsch» und «korrupt» verunglimpften Sozialdemokraten blieb eine Konstante in Hitlers politischen Anschauungen – ein Erbe seiner Wiener Jahre.

6. War Hitler bereits in Wien ein radikaler Antisemit? Als Hitler 1908 nach Wien kam, war er, das lässt sich mit einiger Sicherheit sagen, noch kein Antisemit. Das Zeugnis des jüdischen Arztes Dr. Eduard Bloch in Linz, der Hitlers krebskranke Mutter behandelte, ist in diesem Punkt glaubwürdiger als die Erinnerung seines Jugendfreundes August Kubizek nach 1945, der schon in den Linzer Tagen bei seinem Gefährten eine antisemitische Überzeugung festgestellt haben wollte. Hitler selbst hat in «Mein Kampf» behauptet, erst in Wien zur Judenfeindschaft bekehrt worden zu sein: «Es war für mich die Zeit der größten Umwälzung gekommen, die ich im Inneren jemals durchzumachen hatte. Ich war vom schwächlichen Weltbürger zum fanatischen Antisemiten geworden.»

Nicht wenige Biografen haben diese Darstellung unkritisch übernommen. Es lag ja auch nahe, Hitlers antijüdischen Hasskomplex mit dem Kompensationsbedürfnis des verkannten Künstlergenies zu erklären. Erst die Historikerin Brigitte Hamann hat in ihrem Buch «Hitlers Wien» (1996) nachgewiesen, dass es ein antisemitisches Bekehrungserlebnis in den Wiener Jahren nicht gegeben hat. Hitlers Erzählung war eine jener zahlreichen Legenden, die der spätere Agitator in den zwanziger Jahren über seine frühe Lebensgeschichte verbreitete, um eine konsequente Entwicklung seines Werdegangs und seiner Weltanschauung zu suggerieren.

In Wirklichkeit lagen die Dinge komplizierter. Wien war vor 1914 ein Tummelplatz der Antisemiten. Die starke Zuwanderung von Juden vor allem aus den polnischen Gebieten der Habsburgermonarchie schürte Ängste. Weder Karl Lueger noch Georg von Schönerer, die beiden politischen Leitfiguren des jungen Hitler, scheuten davor zurück, auf der Klaviatur judenfeindlicher Ressentiments zu spielen. Über alldeutsche Zeitungen und Broschüren fanden die kruden Rassetheorien eines Guido von List und seines Schülers Joseph Adolf (Jörg) Lanz von Liebenfels weite Verbreitung. Wie intensiv Hitler sich dem Studium solcher Literatur gewidmet hat, lässt sich nicht mehr feststellen. Aber dass er manche der gängigen antisemitischen Klischees aufgenommen hat, ist wahrscheinlich, was nicht heißt, dass er sich damit auch schon identifiziert haben muss. Denn auf der anderen Seite fällt auf, dass er im Umgang mit den jüdischen Mitbewohnern des Männerheims keine Probleme hatte. Mit einem von ihnen soll er sogar befreundet gewesen sein. Und dass er seine Bilder mit Vorliebe an jüdische Händler verkaufte, die ihm einen anständigen Preis zahlten, spricht ebenfalls gegen die Annahme, er habe damals bereits eine heftige Abneigung gegen Juden empfunden.

Kurzum: Von einem gefestigten, antisemitisch geprägten Weltbild kann noch keine Rede sein. Die Wandlung zum fanatischen Antisemiten, die Hitler auf die Wiener Jahre zurückdatierte, fand erst vor dem Hintergrund von Revolution und Gegenrevolution 1918/19 in München statt.

7. Welche Bedeutung hatte die Wagner-Passion des jungen Hitler für seinen weiteren Lebensweg? Bereits in seinen Linzer Jahren entwickelte Hitler, wie viele seiner Zeitgenossen, eine ausgesprochene Leidenschaft für das musikdramatische Werk Richard Wagners. «Die jugendliche Begeisterung für den Bayreuther Meister kannte keine Grenzen», erinnerte er sich in «Mein Kampf». Entzündet worden war die Begeisterung durch den Besuch der Opern «Lohengrin» und «Rienzi», die im Januar 1905 in das Repertoire des Linzer Landestheaters aufgenommen worden waren. Bei seinem ersten Besuch in Wien im Mai 1906 erlebte der Siebzehnjährige in der Wiener Hofoper Aufführungen des «Tristan» und des «Fliegenden Holländers» in der Interpretation des berühmten Operndirektors Gustav Mahler und seines Bühnenausstatters Alfred Roller. Auch als Hitler im Februar 1908 in die österreichische Metropole umgezogen war, besuchte er, wann immer es ihm möglich war, die Hofoper. Wie viele der insgesamt 426 Wagner-Aufführungen er sich angesehen hat, die dort bis zum Ende seines Aufenthalts 1913 gegeben wurden, lässt sich nicht mehr ermitteln. Aber sicher ist, dass er sich in den Wiener Jahren genaue Kenntnisse der Wagner'schen Werke angeeignet hat, mit denen er später selbst ausgewiesene Experten verblüffen konnte.

Für die Karriere des Politikers Hitler war die Wagner-Passion seiner frühen Jahre von nicht zu unterschätzender Bedeutung. Sie prägte seine Vorstellungen von der bühnenreifen Inszenierung öffentlicher Auftritte und der überwältigenden Choreographie der Massenveranstaltungen. Ohne das «kulturelle Marschgepäck» (Wolfram Pyta), das Hitler aus der Wiener Zeit mitbrachte, hätte er die politische Arena Münchens nach 1918 kaum so erfolgreich betreten können. Und noch in späteren Jahren liebte es der versierte Schauspieler, sich in Rollen aus Wagners Opernrepertoire, etwa in die des Volkstribunen Rienzi oder des Gralsritters Lohengrin, hineinzuversetzen. Auch Hitlers Codename «Wolf», den er zum ersten Mal 1923 gebrauchte, war, wie Hans Rudolf Vaget plausibel dargelegt hat («‹Wehvolles Erbe›. Richard Wagner in Deutschland», 2017), Wagners «Ring»-Mythologie entlehnt.

8. Warum meldete sich Hitler zu Beginn des Ersten Weltkriegs als Freiwilliger? Im Mai 1913 war Hitler von Wien nach München umgezogen, vermutlich auch, um dem Militärdienst in Österreich zu entgehen. Als Angehöriger des Jahrgangs 1889 hätte er bereits im Frühjahr 1910 zur Musterung erscheinen müssen. Im Januar 1914 machte die Linzer Polizei den Stellungsflüchtigen in München ausfindig. Auf Hitlers Antrag wurde er nicht in Linz, sondern im näher gelegenen Salzburg nachgemustert. Der Befund vom 5. Februar 1914 lautete: «Zum Waffen- und Hilfsdienst untauglich, zu schwach.» Dennoch meldete sich Hitler in den ersten Augusttagen 1914 freiwillig zum Kriegsdienst in der bayerischen Armee. Am 1. September wurde der Rekrut dem neu aufgestellten 16. Reserve-Infanterie-Regiment zugewiesen – nach dem Namen seines ersten Kommandeurs «Regiment List» genannt –, das Ende Oktober an die Westfront verlegt wurde.

Manches spricht dafür, dass sich Hitler von dem in bürgerlichen Kreisen herrschenden überschäumenden Patriotismus jener Tage mitreißen ließ. Ein Foto, das sein späterer «Leibphotograph» Heinrich Hoffmann aufnahm, zeigt ihn euphorisiert inmitten einer vieltausendköpfigen Menge auf dem Odeonsplatz vor der Feldherrnhalle am 2. August 1914. Für den neuerdings geäußerten Verdacht, Hoffmann habe Hitler nachträglich in die Aufnahme hineinmontiert, gibt es keinen schlüssigen Beweis. Hitlers Bekenntnis in «Mein Kampf», er habe die damaligen Stunden wie «eine Erlösung aus den ärgerlichen Empfindungen der Jugend» empfunden, erscheint durchaus glaubwürdig. Der Krieg eröffnete dem 25-jährigen Eigenbrötler die Mög-

Hitler inmitten einer patriotischen Kundgebung auf dem Münchner Odeonsplatz, 2. August 1914. Die Aufnahme machte sein späterer «Leibphotograph» Heinrich Hoffmann.

lichkeit, dem Zustand der Perspektivlosigkeit zu entfliehen. Denn auch in München hatte er keine Anstrengung unternommen, einer geregelten Tätigkeit nachzugehen oder sich für einen bürgerlichen Brotberuf ausbilden zu lassen.

9. War Hitler der tapfere Frontsoldat, als der er sich später ausgegeben hat? Hitler hat sich in den Jahren seines Aufstiegs zum «Führer» der nationalsozialistischen Bewegung gern als Frontsoldat präsentiert, der keine Gefahr gescheut und nahezu täglich sein Leben aufs Spiel gesetzt habe. Die NS-Propaganda hat diese heroisierende Selbstdarstellung nach 1933 in unzähligen Veröffentlichungen popularisiert, und sie hat nach 1945 auch Eingang in die wissenschaftliche Literatur gefunden. Doch schon in den zwanziger Jahren, mehr noch zu Beginn der dreißiger Jahre wurden Zweifel laut. So veröffentlichten Veteranen des Regiments List im Frühjahr 1932 Artikel in sozialdemokratischen Zeitungen, in denen sie ihrem ehemaligen Kameraden vorwarfen, gar nicht in vorderster Linie gekämpft, sondern den Krieg außerhalb der eigentlichen Gefahrenzone im Regimentshauptquartier verbracht zu haben.

Tatsächlich war Hitler schon bald nach seiner «Feuertaufe» in der Schlacht von Ypern Ende Oktober 1914, die für ihn ein traumatisches Erlebnis war, zum Regimentsstab abkommandiert worden. Er diente fortan bis zum Kriegsende als einer von mehreren Meldegängern. Deren Aufgabe bestand darin, während der Kämpfe, wenn die Fernsprechleitungen nicht mehr funktionierten, die Befehle des Regimentskommandeurs zu den Bataillons- und Kompanieführern zu bringen. Sie waren also nicht, wie die Soldaten in den Schützengräben, dem mörderischen Maschinengewehrfeuer und den Kugeln der Scharfschützen ausgesetzt. Doch risikolos war ihr Dienst nicht. Die größte Gefahr drohte ihnen von den hinter der ersten Frontlinie einschlagenden Artilleriegeschossen, in der zweiten Kriegshälfte auch von Gasgranaten.

Hitler wurde denn auch zweimal verwundet – das eine Mal durch einen Granatsplitter in der Somme-Schlacht im Oktober 1916, das andere Mal durch einen Gasangriff zwei Jahre später. Er war gewiss kein schneidiger Draufgänger, der sich durch besondere Tapferkeit auszeichnete, aber auch kein «Etappenschwein», dessen einziges Bestreben gewesen sei, unter den vergleichsweise komfortablen Bedingungen des Regimentshauptquartiers den Krieg unbeschadet zu überstehen. Er war eher ein unauffälliger Soldat, der, wie ihm der ehemalige Regimentsadjutant Fritz Wiedemann in seinen Erinnerungen bescheinigte, «still und ruhig seine Pflicht tat». Wenn er sich als Meldegänger vor gefahrvollen Aufträgen gedrückt hätte, wäre ihm im August 1918 wohl kaum das Eiserne Kreuz I. Klasse verliehen worden – für einen Gefreiten eine ungewöhnliche Auszeichnung. Das Eiserne Kreuz II. Klasse hatte er bereits im Dezember 1914 bekommen.

10. Wie erlebte Hitler das Ende des Krieges? In der Nacht vom 13. auf den 14. Oktober 1918 wurde Hitler an der Front vor Ypern Opfer eines Giftgasangriffs. Er wurde zunächst in einem bayerischen Feldlazarett versorgt und anschließend ins preußische Reservelazarett nach Pasewalk bei Stettin verlegt. Hier traf er am 21. Oktober ein, und hier verbrachte er die Wochen bis zu seiner Entlassung am

19. November. Bis heute konnte nicht geklärt werden, wie ernst Hitlers Verwundung tatsächlich war und wie sie in Pasewalk therapiert wurde. Die Krankenakte gilt als verschollen. Einigermaßen gesichert scheint zu sein, dass er durch die Gasvergiftung eine schwere Bindehaut- und Augenliderentzündung erlitt und vorübergehend kaum sehen konnte. Er selbst hat in einem Brief vom November 1921 berichtet, dass seine «Erblindung» in Pasewalk «in verhältnismäßig kurzer Zeit wich, und das Augenlicht allmählich wieder zurückkehrte». Demgegenüber erscheint die Vermutung, es habe sich bei seiner Erkrankung gar nicht um eine Gasverletzung, sondern um eine hysterische Reaktion aufgrund einer außerordentlichen psychischen Belastung gehandelt, wenig plausibel.

Im Pasewalker Lazarett erhielt Hitler die Nachricht vom Beginn der Novemberrevolution und vom Sturz der Hohenzollernmonarchie. Wie er die Nachricht aufgenommen hat, wissen wir nicht. In dem sechs Jahre später geschriebenen ersten Band von «Mein Kampf» hat er sich bemüht, den Schock über die Niederlage zu seinem eigentlichen politischen Erweckungserlebnis zu stilisieren: «Nun war also alles umsonst gewesen. Umsonst all die Opfer und Entbehrungen, umsonst der Hunger und Durst von manchmal endlosen Monaten, vergeblich die Stunden, in denen wir, von Todesangst umkrallt, dennoch unsere Pflicht taten, und vergeblich der Tod von zwei Millionen, die dabei starben. Mußten sich nicht die Gräber all der Hunderttausende öffnen, die im Glauben an das Vaterland einst hinausgezogen waren, um niemals wiederzukehren? Mußten sie sich nicht öffnen und die stummen, schlamm- und blutbedeckten Helden als Rachegeister in die Heimat senden, die sie um das höchste Opfer, das auf dieser Welt der Mann seinem Volke zu bringen vermag, so hohnvoll betrogen hatte? (...) Geschah dies alles dafür, daß nun ein Haufen elender Verbrecher die Hand an das Vaterland zu legen vermochte? (...) In diesen Nächten wuchs mir der Haß, der Haß gegen die Urheber dieser Tat.»

Die Passage endet mit dem immer wieder zitierten Satz: «Ich aber beschloß, Politiker zu werden.» Doch von einem plötzlichen Entschluss kann keine Rede sein. Vielmehr reifte Hitlers Entscheidung, seinen Ambitionen als Künstler und Architekturzeichner zu entsagen und sich ganz der politischen Arbeit zu widmen, erst im Laufe des Jahres 1919 heran.

11. Sympathisierte Hitler zu Beginn der Revolution 1918/19 mit der Linken? Hitler kehrte am 21. November 1918 nach München zurück, wo er der 7. Kompanie des I. Ersatzbataillons des 2. Infanterieregiments zugewiesen wurde. Über die folgenden turbulenten Monate, in denen zunächst der USPD-Politiker Kurt Eisner als Ministerpräsident des Freistaats Bayern eine Koalitionsregierung mit der Mehrheitssozialdemokratie (MSPD) leitete und nach seiner Ermordung am 21. Februar 1919 sich für kurze Zeit eine Räteherrschaft in München etablierte, finden sich in «Mein Kampf» nur spärliche Angaben. Dieses auffällige Schweigen hat schon früh Spekulationen genährt, Hitler habe ein ihm unangenehmes Kapitel seiner Biographie verbergen wollen: die Tatsache nämlich, dass er zu Beginn der Revolution mit den Linken sympathisiert habe. Unbestritten ist, dass er zum Vertrauensmann seines Bataillons gewählt wurde, was sicher nicht der Fall gewesen wäre, wenn er sich offen als ein Gegner der Revolution bekannt hätte. Aber daraus lässt sich nicht der Schluss ziehen, dass er der damaligen MSPD oder gar der USPD nahegestanden haben muss. Es wäre verwunderlich gewesen, wenn er sich ausgerechnet zu jener Partei hingezogen gefühlt hätte, gegen die er schon in seiner Wiener Zeit eine lebhafte Abneigung entwickelt hatte. Und sollte er am Trauerzug für den ermordeten Kurt Eisner am 26. Februar teilgenommen haben – anhand der überlieferten Filmaufnahmen lässt sich das nicht eindeutig klären –, dann sagt das noch nichts aus über seine tatsächliche politische Einstellung.

Offensichtlich verstand sich Hitler bereits auf die Kunst der Verstellung, die er später als Parteiführer und Reichskanzler zur Perfektion entwickeln sollte. Er exponierte sich nicht, sondern wartete in seiner Münchner Kaserne ab, wie sich die Dinge klären würden. Unmittelbar nach der blutigen Niederwerfung der Räteherrschaft Anfang Mai 1919 kam er jedoch aus seiner Deckung heraus und schlug sich offen auf die Seite der Gegenrevolution. Bereits am 9. Mai wurde der Gefreite Hitler zusammen mit einem Oberleutnant und einem Feldwebel in eine Kommission berufen, die das Verhalten der Soldaten seines Regiments während der Rätezeit untersuchen sollte. Dabei kannte er auch keine Skrupel, Kameraden anzuschwärzen, die im Unterschied zu ihm wirkliche Sympathien für die Revolution gehegt hatten. Für seine Dienste wurde er belohnt. Während das Demobilmachungs-Bataillon, dem er angehörte, aufgelöst wurde, konnte er der Entlassung aus der Armee entgehen und weiter im Rahmen der neu entstehenden Reichswehr tätig sein. Für den Start in seine politische Karriere sollte das von großer Bedeutung sein.

II. Aufstieg zum «Führer»

12. Warum wurde gerade München zum Sprungbrett für Hitlers Karriere? Dass die bayerische Metropole zum Ursprungsort für Hitlers politische Karriere wurde, ist alles andere als ein Zufall. Hier war im Frühjahr 1919, nach der Ermordung des Ministerpräsidenten Kurt Eisner, das Pendel der Radikalisierung weit nach links ausgeschlagen, und hier hatte es sich, nach der Niederschlagung der Räterepublik, weit nach rechts bewegt. München wurde zu einem Zentrum der Gegenrevolution, zum Sammelpunkt für Republikgegner aus allen Teilen Deutschlands, unter ihnen General a. D. Erich Ludendorff, der in den letzten beiden Kriegsjahren so etwas wie der heimliche Diktator Deutschlands gewesen war. Von der Polizei wohlwollend geduldet, konnte sich in Bayerns Hauptstadt ein weitverzweigtes rechtsextrem-völkisches Netzwerk entfalten.

Eine wichtige koordinierende Rolle spielte die Thule-Gesellschaft, die von ihrem Vorsitzenden, Rudolf von Sebottendorf, im Stile eines Geheimbundes geführt wurde. Zu den Mitgliedern gehörten Honoratioren wie der einflussreiche Verleger Julius F. Lehmann, einer der Mitbegründer des Alldeutschen Verbandes und führende Figur der völkischen Publizistik in München. Durch besondere Radikalität zeichnete sich auch die Ortsgruppe des Deutschvölkischen Schutz- und Trutzbundes aus, die mit 4000 Mitgliedern 1920 eine der stärksten im ganzen Reichsgebiet war. Die Tatsache, dass führende Vertreter der Räterepublik jüdischer Herkunft gewesen waren, wurde von den rechtsextremen Gruppen zum Anlass genommen, um eine wüste Hetze gegen den «jüdischen Bolschewismus» zu entfesseln. Seit Frühjahr und Sommer 1919 breitete sich ein radikaler Antisemitismus in München und Bayern wie ein epidemisches Fieber aus.

In diesem aufgeheizten politischen Klima begann Hitler seine Karriere. Hier fand er die Bedingungen vor, die seinen politischen Aufstieg überhaupt erst möglich machten. Wie ein Schwamm nahm er die grassierenden judenfeindlichen Stimmungen und Parolen auf. Erst jetzt formte sich der antisemitische Hasskomplex als Kern seiner «Weltanschauung» aus. Dass «die» Juden das Böse schlechthin, das Erzübel der Welt verkörperten – an dieser Obsession sollte er bis zum Ende seiner Tage festhalten. Der Brief vom 16. September 1919, den er im Anschluss an einen Aufklärungskurs der Reichswehr im Kriegsheimkehrerlager Lechfeld bei Augsburg an einen Kursteilnehmer, Adolf Gemlich aus Ulm, schrieb, kann als *das* Schlüsseldokument zu seiner Biographie gelten. Alle Versatzstücke, die er sich zuvor aus völkisch-antisemitischen Schriften angelesen hatte und nun in ein geschlossenes rassenideologisches Weltbild integrierte, finden sich hier vereinigt. Dazu gehörte die Feststellung, dass «das Judentum unbedingt Rasse und nicht Religionsgemeinschaft», mithin zur Assimilation unfähig sei. Sein ganzes Handeln werde durch schrankenlose Erwerbsgier, den «Tanz ums goldene Kalb», bestimmt: «Seine Macht ist die Macht des Geldes, das sich in Form des Zinses in seinen Händen mühe- und endlos vermehrt (...) Alles, was Menschen zu Höherem streben läßt, sei es Religion, Sozialismus, Demokratie, es ist ihm nur Mittel zum Zwecke, Geld- und Herrschgier zu befriedigen. Sein Wirken wird in seinen Folgen zur Rassentuberkulose der Völker.» Hitler sprach sich dafür aus, die Juden unter Fremdengesetzgebung zu stellen, also die Judenemanzipation rückgängig zu machen. Das «letzte Ziel» aber müsse «unverrückbar die Entfernung der Juden überhaupt» sein.

Dieses Ziel sollte Hitler tatsächlich niemals aus dem Auge verlieren. «Entfernung» der Juden bedeutete freilich auch nach der Machtübernahme 1933 zunächst Vertreibung aus Deutschland, noch nicht physische Vernichtung. Der Holocaust rückte erst mit dem Zweiten Weltkrieg in den Bereich des Möglichen.

13. Wann und mit welcher Mitgliedsnummer trat Hitler der Deutschen Arbeiterpartei bei? Am 12. September 1919 besuchte Hitler zum ersten Mal eine Versammlung der Deutschen Arbeiterpartei (DAP), einer von mehreren rechtsextrem-völkischen Splittergruppen, die damals kaum mehr als 50 Mitglieder zählte. Lange war in der Literatur zu lesen, Hitler sei als V-Mann mit dem Auftrag gekommen, die Versammlung auszuspähen – eine Annahme, die erst von dem Salzburger Historiker Othmar Plöckinger korrigiert worden ist («Unter Soldaten und Agitatoren. Hitlers prägende Jahre im deutschen Militär 1918–1920», 2013). Hitler erschien nicht allein, sondern in Begleitung mehrerer seiner Kameraden, die gemeinsam mit ihm zuvor an einem «Aufklärungskommando» der Reichswehr im Lager Lechfeld teilgenommen hatten. Ihre Anwesenheit entsprach dem Interesse des Reichswehrgruppenkommandos 4 in München, Einfluss auf die Entwicklung der noch kleinen Partei zu nehmen. In der Diskussion ergriff Hitler das Wort, und das anscheinend so wirkungsvoll, dass ihn der Vorsitzende Anton Drexler bat, in die DAP einzutreten. Wann genau das geschah, ist nicht sicher. Vermutlich erfolgte der Parteieintritt noch in der zweiten Septemberhälfte. Allerdings war Hitler nicht das «Mitglied sieben», wie er in «Mein Kampf» behauptete, sondern siebtes Mitglied im Arbeitsausschuss der Partei.

Eine Mitgliederliste, die, um die Partei größer erscheinen zu lassen, als sie war, mit der Nummer 501 begann, wurde erst seit Anfang 1920 geführt. Danach bekam Hitler die Nummer 555. Schon bald nach Verkündung des 25-Punkte-Parteiprogramms in einer Versammlung im Hofbräuhaus am 24. Februar 1920 benannte sich die DAP in Nationalsozialistische Deutsche Arbeiterpartei (NSDAP) um. Hitler selbst verwendete den Namen zum ersten Mal in einer Rede in Rosenheim am 2. Mai 1920.

14. Welche Begabungen und Fähigkeiten brachte Hitler als Politiker mit? Im völkischen Milieu der frühen 1920er Jahre tummelten sich viele Sektenprediger und Agitatoren. Allesamt verschwanden sie im Laufe der Zeit von der politischen Bühne, bis auf einen: Adolf Hitler. Er muss also über einige Talente verfügt haben, die andere nicht oder nicht in gleichem Maße besaßen. Dazu zählte zuallererst seine rhetorische Begabung. Die Entdeckung seiner Redegewalt im Herbst 1919 kann als das eigentliche Durchbruchserlebnis Hitlers als Politiker betrachtet werden. Über seinen Auftritt in einer öffentlichen Versammlung der Deutschen Arbeiterpartei (DAP) am 16. Oktober 1919 schrieb er in «Mein Kampf»: «Ich sprach dreißig Minuten, und was ich früher, ohne es irgendwie zu wissen, einfach innerlich gefühlt hatte, wurde nun durch die Wirklichkeit bewiesen: ich konnte reden!»

Mochte Hitlers äußere Erscheinung auf den ersten Blick auch wenig imponierend wirken – wenn er die Rednerbühne betrat, verwandelte er sich in einen Demagogen, wie ihn die deutsche Geschichte noch nicht gekannt hatte. Darin waren sich auch seine Gegner einig. So sah Thomas Mann in seinem Essay «Bruder Hitler» von 1939 in der «unsäglich inferioren, aber massenwirksamen Beredsamkeit» die entscheidende Bedingung für Hitlers «Aufstieg zu traumhaften Höhen».

Mit der außergewöhnlichen Rednergabe verband sich ein beachtliches schauspielerisches Talent. In der Kunst, unter verschiedenen Masken aufzutreten und, je nach Situation und Publikum, in wechselnde Rollen zu schlüpfen, brachte er es zu einer gewissen Meisterschaft. Keiner hat ihn in dieser Beziehung so durchschaut wie Charlie Chaplin in seiner genialen Parodie «Der große Diktator» aus dem Jahr 1940. Nachdem sich Albert Speer, Hitlers ehemaliger Lieblingsarchitekt und Rüstungsminister, 1972 den Film angesehen hatte, lobte er Chaplin: Er sei «mit seinem Versuch, Hitlers Charakter zu durchdringen, sehr viel weiter gekommen als jeder andere Zeitgenosse». In den trickreichen Verstellungskünsten, mit denen Hitler Anhänger wie Gegner gleichermaßen über seine Absichten täuschen konnte, lag ein weiteres Erfolgsgeheimnis seines politischen Aufstiegs.

Schließlich besaß Hitler, was manchmal unterschätzt wird, auch ein großes Organisationstalent. Ohne ihn wäre die NSDAP nur eine unter vielen Sekten am äußersten rechten Rand des politischen Spektrums geblieben. Die Partei war, zumal nach ihrer Neugründung 1925, ganz seine Schöpfung und auf ihn als den charismatischen «Führer» ausgerichtet. Mit den Gauleitern schuf sich Hitler eine Gruppe von Gefolgsleuten, die persönlich an ihn gebunden und ihm bedingungslos ergeben waren. Bei der Auswahl seiner Mitarbeiter kam ihm zustatten, dass er einen scharfen Blick für die Stärken und Schwächen anderer Menschen besaß. Nicht selten durchschaute er Charaktere schon nach flüchtiger Bekanntschaft. Einen «überlegenen Menschenkenner und Menschenfänger» hat ihn schon sein erster Biograph Konrad Heiden genannt. Albert Speer kam, als er sich in der Spandauer Haft fragte, warum er wie so viele andere der Magie Hitlers erlegen war, zu dem Ergebnis: «Er spielte eben nicht nur auf dem Instrument der Masse, sondern war auch ein meisterlicher Psychologe gegenüber jedem einzelnen.»

15. Wie inszenierte sich Hitler als Redner? Hitler war, entgegen einer verbreiteten Annahme, kein Stegreifredner. Er bereitete sich sorgfältig auf seine Auftritte vor. Auf einem Dutzend Blätter notierte er sich Stichworte und Parolen, die ihm als Leitfaden dienen sollten.

Im Jahr 1927 wirft sich Hitler für Heinrich Hoffmann in Positur. Die Aufnahmen sollten sein Image als mitreißender Redner unterstützen.

Meist traf er, um die Spannung zu erhöhen, erst mit halbstündiger Verspätung im Versammlungslokal ein. Er deponierte die Notizen zu seiner Rechten und warf hin und wieder einen kurzen Blick darauf. Wir kennen aus vielen Fernsehdokumentationen nur die immergleichen Szenen, in denen der Agitator scheinbar unbeherrscht herumbrüllt. Tatsächlich aber begann Hitler die meisten seiner Reden betont ruhig, fast stockend, wie in einer Suchbewegung, in der er die Stimmung des Publikums ertastete. Erst als er sich der Zustimmung sicher war, lockerte sich die Haltung, Ton und Wortwahl wurden aggressiver. Und je deutlicher Beifall und Zurufe signalisierten, dass der Funke übergesprungen war, desto mehr steigerte er Tempo und Lautstärke des Vortrags. Seine Erregung übertrug sich zunehmend auf die Zuhörer, bis sich der ganze Saal nach einem letzten furiosen Crescendo in einen Zustand rauschhafter Verzückung versetzt sah. Dieser Zusammenhang bleibt unverständlich, wenn man den Redner nur als fanatischen Schreihals zeigt, der seiner selbst nicht mehr Herr zu sein scheint.

Doch selbst in Momenten höchster Ekstase hatte sich Hitler immer unter Kontrolle, ließ er sich kaum einmal zu unbedachten Äußerungen hinreißen. Kühl berechnete er die Wirkung seiner Sätze. «Das war vielleicht die erstaunlichste Gabe dieses geborenen Volksredners: die Mischung aus Feuer und Eis», hat der langjährige Reichsfinanzminister Lutz Graf Schwerin von Krosigk angemerkt.

Zur Inszenierung der Redeauftritte gehörte eine ausgefeilte Choreographie. Hitler besaß, an Wagner-Aufführungen geschult, einen ausgeprägten Sinn für Bühnenzauber und Lichteffekte, für aufreizende Symbole und liturgische Rituale. Der Münchner Historiker Karl Alexander von Müller hat einen Einzug des Lokalmatadors in den frühen zwanziger Jahren beschrieben: «Plötzlich, am Eingang hinten, Bewegung, Kommandorufe. Der Sprecher auf dem Podium bricht mitten im Satz ab. Alles springt mit Heilrufen auf. Und mitten durch die schreienden Massen und die schreienden Fahnen kommt der Erwartete mit seinem Gefolge raschen Schritts, mit starr erhobener Rechten zur Estrade.» Selbst Besuchern, die sich von der fiebrigen Atmosphäre nicht anstecken ließen, boten die Veranstaltungen einen hohen Unterhaltungswert.

16. Wie erklärt sich die Wirkung von Hitlers Reden? Für die Attraktivität Hitlers als Redner waren eine Reihe von Faktoren ausschlaggebend. Dazu zählte als Erstes seine volltönende, registerreiche Stimme, mit der er wie auf einem Instrument zu spielen verstand. Bis 1928 musste er noch ohne Mikrophon und Lautsprecher auskommen. Da er über ein ungewöhnlich kräftiges Organ verfügte, konnte er auch in den größten Versammlungssälen, wie dem viele Tausende Zuhörer fassenden Zirkus Krone in München, durchdringen. Nur selten passierte es einmal, dass ihm die Stimme wegblieb, weil er sich überschrien hatte. Wie kein Zweiter verstand es Hitler, die Emotionen seiner Zuhörer anzusprechen, so erfolgreich wie kein anderer bediente er ihre Ängste und Ressentiments, aber auch ihre Hoffnungen und Sehnsüchte. Einen «Virtuosen auf der Klaviatur der Massenseele» hat ihn ein früher Weggefährte, der Münchner Verlegersohn Ernst Hanfstaengl, genannt.

Einen wichtigen Platz in allen Reden nahm die Polemik gegen den

«Schandfrieden» von Versailles ein. Damit verband Hitler hasserfüllte Angriffe auf diejenigen, die er für die Niederlage und den revolutionären Umsturz von 1918 verantwortlich machte: Juden und Linke, die sogenannten «Novemberverbrecher». Die neue demokratische Ordnung von Weimar denunzierte er abwechselnd als «Lumpenrepublik» oder «Schieberrepublik». Ihre Repräsentanten sah er ganz im Würgegriff des internationalen jüdischen Finanzkapitals. In seinen Hetztiraden gegen das Judentum schlug der Münchner Bierkellerdemagoge von Anfang an die radikalsten Töne an, und er erfüllte damit offenkundig die Erwartungen seiner Zuhörer. Seine Grundsatzrede «Warum sind wir Antisemiten?», die er am 20. August 1920 vor über 2000 Menschen im Hofbräuhaus hielt, wurde insgesamt über fünfzigmal durch zustimmende Reaktionen unterbrochen.

Nicht nur durch das, *was* er sagte, sondern *wie* er es sagte, traf Hitler den Nerv des Publikums. Er wirkte authentisch gerade in der Erregung, in die er sich regelmäßig hineinsteigerte. «Er sprach sich alles von der Seele und uns allen aus der Seele», erinnerte sich Hans Frank, der als neunzehnjähriger Jurastudent im Januar 1920 zum ersten Mal eine Hitler-Rede hörte. Dabei waren es nicht nur bereits Bekehrte, die der Agitator in seinen Bann zu schlagen vermochte. Seiner rhetorischen Überwältigungsmacht erlagen auch Menschen, die ihm zunächst eher ablehnend begegneten. Rudolf Heß, seit 1925 Privatsekretär des «Führers», der Hitler auf seinen Agitationsreisen durch Deutschland begleitete, hat dessen Wirkung auf eine Versammlung von Wirtschaftsführern im Ruhrgebiet geschildert. Das Treffen fand im April 1927 in Essen statt, und die Unternehmer empfingen den Agitator aus München zunächst mit «eisigem Schweigen». Zwei Stunden später hatte er sie so für sich eingenommen, dass sie in einen Sturm der Begeisterung ausbrachen. «Man hätte meinen können, im Zirkus Krone und nicht unter kaltschnäuzigen Wirtschaftlern zu sein», schrieb Heß an seine Verlobte und spätere Frau, Ilse Pröhl.

17. Wer waren die wichtigsten Förderer Hitlers zu Beginn seiner Karriere? Der eigentliche Geburtshelfer bei Hitlers Eintritt in die Politik war Hauptmann Karl Mayr, Leiter der Nachrichtenabteilung des am 11. Mai 1919 gebildeten Reichswehrgruppenkommandos 4 in

München. Er war offenbar durch Hitlers Mitarbeit in der Kommission, welche die Haltung seines Regiments während der Rätezeit untersuchen sollte, auf den Gefreiten aufmerksam geworden. «Als ich ihn das erste Mal traf, glich er einem müden, streunenden Hund, der nach einem Herrn suchte», soll sich der Hauptmann einige Jahre später erinnert haben. Mayr seinerseits suchte zuverlässige Vertrauensmänner, die in der Truppe Propaganda betreiben, und das hieß vor allem, über die vermeintlichen Gefahren des Bolschewismus aufklären sollten. Nachdem Hitler im Juli 1919 an einem Schulungskurs teilgenommen hatte, wurde er einem «Aufklärungskommando» zugeteilt. Als dessen Mitglied hielt er Ende August 1919 im Lager Lechfeld bei Augsburg mehrere Vorträge, in denen er sich erstmals öffentlich als radikaler Antisemit zu erkennen gab. Seine Auftritte fielen zur Zufriedenheit seines Vorgesetzten aus.

Auch nachdem Hitler Ende März 1920 aus dem Heer ausgeschieden war, um sich nun ganz der Arbeit als Werbeobmann der NSDAP zu widmen, blieb Hauptmann Mayr seinem Schützling verbunden. In einem Brief vom September 1920 rühmte er sich, in München im Rahmen der NSDAP «sehr tüchtige junge Leute auf die Beine gebracht» zu haben, darunter vor allem einen Herrn Hitler, der «eine bewegende Kraft geworden» sei, «ein Volksredner 1. Ranges». (Wenige Jahre später sollte sich Mayr in einem abrupten Positionswechsel von der extremen Rechten ab- und der republikanischen Linken zuwenden.)

Neben Mayr war Dietrich Eckart der wichtigste Mentor Hitlers in den ersten Jahren seines politischen Wirkens. Der völkische Publizist, der sich mit einer Nachdichtung von Ibsens Drama «Peer Gynt» einen Namen gemacht hatte, gab mit Unterstützung der Thule-Gesellschaft eine antisemitische Wochenschrift «Auf gut deutsch» heraus. Hitler lernte er im Winter 1919/20 kennen, und er erkannte mit sicherem Gespür dessen außerordentliches rhetorisches Talent. Er half dem um zwanzig Jahre Jüngeren beim Verfassen seiner ersten Artikel, und er öffnete ihm die Tür zu einflussreichen großbürgerlichen Kreisen, so zum Salon der Helene Bechstein, der Frau des Berliner Klavierfabrikanten Edwin Bechstein. Die Hausherrin fasste eine mütterliche Zuneigung zu dem aufstrebenden Politiker und griff ihm auch finanziell unter die Arme.

Über die Bechsteins fand Hitler Zugang zu den Wagners in Bayreuth. Am 1. Oktober 1923 empfingen ihn Siegfried und Winifred Wagner zum ersten Mal in der Villa Wahnfried. Anschließend zeigten sich beide von dem Wagner-Enthusiasten begeistert: «Gottlob gibt es noch deutsche Männer!», schrieb der Hausherr des Grünen Hügels. «Hitler ist ein prachtvoller Mensch, die echte deutsche Volksseele.» Und der greise Houston Stewart Chamberlain, Richard Wagners Schwiegersohn, pries den Besucher als «Erwecker der Seelen aus Schlaf und Schlendrian»: «Daß Deutschland in der Stunde der höchsten Not sich einen Hitler gebiert, das bezeugt sein Lebendigsein.»

Häufiger Gast war Hitler im Haus von Helene und Ernst Hanfstaengl. Der Teilhaber eines bedeutenden Münchner Kunstverlages erlebte im November 1922 einen Auftritt Hitlers und war von der «phänomenalen Rednerpersönlichkeit» fasziniert. Bald zählte er zur Entourage des Agitators und vermittelte ihm Kontakte zum Münchner Großbürgertum, unter anderem zum Cheflobbyisten der bayerischen Wirtschaftsverbände, Hermann Aust. Über die Hanfstaengls lernte Hitler auch Elsa Bruckmann kennen, die Frau des Verlegers Hugo Bruckmann, in dessen Verlag eines der Standardwerke des Antisemitismus, Houston Stewart Chamberlains «Die Grundlagen des 19. Jahrhunderts», erschienen war. Der Salon der Bruckmanns am Karolinenplatz, der vor 1914 einer Creme von Künstlern, Schriftstellern und Gelehrten Gelegenheit zum intellektuellen Austausch gegeben hatte, wurde nach 1918 zunehmend zum Treffpunkt rechtsnational-völkischer Autoren und Politiker.

Im Februar 1921 hörte Elsa Bruckmann zum ersten Mal im Zirkus Krone eine Rede Hitlers, und sie fühlte sich, wie sie später schrieb, durch seine Stimme «erweckt». Hitler betrat den Salon Bruckmann erstmals im Dezember 1924, nach seiner Entlassung aus der Landsberger Haft. Während seines Redeverbots in Bayern vom März 1925 bis März 1927 bot sich ihm hier eine Ersatzbühne, auf der er vor ausgewählten Vertretern von Wirtschaft, Wissenschaft und Kultur sprechen konnte. Nach dem Tod Hugo Bruckmanns im September 1941 lobte Hitler dessen «Verdienste um die junge NSDAP». In seinem Palais habe er «alle bedeutenden Männer der nationalen Kräfte Münchens kennengelernt».

18. Mit welchen Mitteln setzte Hitler seinen Führungsanspruch in der NSDAP durch? Seit 1919/20 hatte sich Hitler zum mit Abstand wichtigsten Redner der rechtsextremen Szene in München entwickelt. Er war die Hauptattraktion der NSDAP, der Woche für Woche Tausende in die Versammlungssäle lockte. Nicht wenigen seiner Parteigenossen waren seine Erfolge ein Dorn im Auge. Im Frühjahr 1921 verschärften sich die Spannungen in der Führungsriege. Hintergrund waren Bestrebungen des Vorsitzenden Anton Drexler und einiger seiner Mitstreiter, die NSDAP mit anderen völkischen Gruppierungen zu verschmelzen und den Sitz der Partei nach Berlin zu verlegen. Hitler lehnte eine Fusion ab, nicht zuletzt aus Furcht davor, in einer vereinigten Partei der Völkischen nicht mehr seine Starrolle spielen zu können.

Im Juli 1921 kam es zum Eklat. Hitler erklärte seinen Austritt aus der Partei und spielte damit zum ersten Mal in seinem politischen Leben Vabanque. Seine Rückkehr machte er von der ultimativ gestellten Bedingung abhängig, zum «ersten Vorsitzenden mit diktatorischen Machtbefugnissen» gewählt zu werden. Außerdem sollte ein für alle Mal sichergestellt werden, «daß der Sitz der Bewegung München ist und für immer bleibt». Die Gruppe um Drexler beugte sich der erpresserischen Forderung, weil sie auf Hitler als Zugpferd der Partei nicht verzichten zu können glaubte. Am 26. Juli trat Hitler als Mitglied Nummer 3680 wieder in die NSDAP ein.

Auf einer Mitgliederversammlung am 29. Juli 1921 wurde der Vorschlag, Hitler das Amt des Parteivorsitzenden mit nahezu unbeschränkten Vollmachten zu übertragen, einstimmig angenommen. Drexler wurde mit dem Ehrenvorsitz abgefunden. Hitlers innerparteiliche Machtergreifung war damit abgeschlossen – die Geburtsstunde der Führer-Partei.

19. Wann setzte der Kult um den «Führer» ein? Der Ruf nach einer starken Führerfigur war innerhalb der politischen Rechten in der Nachkriegszeit weit verbreitet. In ihren ersten Jahren gab es in der NSDAP jedoch noch keinen Führerkult. Der Begriff «Führer» tauchte im Parteiblatt, dem «Völkischen Beobachter», zuerst im Dezember 1921 auf. Aber das blieb noch eine Ausnahme. Auf Versammlungsplakaten und in Zeitungsannoncen wurde der Parteivorsitzende zumeist als «Herr Adolf Hitler» oder als «Parteigenosse Hitler» angekündigt. Das änderte sich mit Benito Mussolinis «Marsch auf Rom» Ende Oktober 1922. Für die Nationalsozialisten bedeutete die Machtergreifung der Faschisten einen starken Auftrieb. Unter dem Eindruck der Ereignisse in Italien begann eine Gruppe von Hitlers Gefolgsleuten, den Parteivorsitzenden nach dem Vorbild des Duce zum «Führer» zu stilisieren. Anfang November 1922 erklärte Hermann Esser, nach Hitler damals der wichtigste Redner der Partei: «Was eine Schar beherzter Männer in Italien gekonnt hat, das können wir in Bayern auch. Den Mussolini Italiens haben auch wir. Er heißt Adolf Hitler.»

Im Herbst 1922 veranstaltete die Münchner Universität ein Preisausschreiben zum Thema: «Wie wird der Mann beschaffen sein, der Deutschland wieder zur Höhe führt?» Den ersten Preis gewann der Student Rudolf Heß, einer von Hitlers Parteigängern der frühen Stunde. In seinem Beitrag zeichnete er das Porträt eines Diktators, der über «die Macht der hinreißenden Rede» gebot und als politischer Messias schon von Millionen sehnsüchtig erwartet werde. Dass damit kein anderer als Hitler gemeint war, vertraute Heß einem Brief an den Münchner Historiker Karl Alexander von Müller an, dessen Vorlesungen er besuchte: Ihm habe «in vieler Beziehung» das Bild vor Augen gestanden, das er «von H(itler) nach zweieinhalbjährigem, teilweise täglichem Zusammensein erhielt».

Einen ersten Höhepunkt erreichte der Führerkult mit Hitlers 34. Geburtstag am 20. April 1923. Der «Völkische Beobachter» machte unter der Balkenüberschrift «Deutschlands Führer» mit einem Gedicht Dietrich Eckarts auf, dessen letzte Zeilen lauteten: «Die Herzen auf! Wer sehen will, der sieht!/ Die Kraft ist da, vor der die Nacht entflieht!» Alfred Rosenberg, seit März 1923 Schriftleiter des «Völkischen Beobachters», feierte in derselben Ausgabe Hitlers Wirken, das «von Monat zu Monat reifer, größer und hinreißender» werde. Scharen Verzweifelter, die sich nach einem «Führer des deutschen Volkes» sehnten, blickten «immer erwartungsvoller auf den Mann in München».

Hitler selbst hatte sich zu Beginn seiner Karriere noch als «Trommler» verstanden, der seine erste Aufgabe darin sah, die Massen hinter der Parteifahne zu versammeln und das Terrain für einen künftigen Diktator zu ebnen. Doch unter dem Eindruck der ihm entgegengebrachten Elogen wandelte sich im Herbst 1922 sein Selbstbild. Jetzt sah auch er sich als der kommende «starke Mann», als der «Retter», dazu ausersehen, Deutschland aus «Schmach und Not» zu befreien und zu neuer Größe zu führen. In diesem Bewusstsein unternahm er im November 1923 einen ersten Versuch, nach der Macht zu greifen.

III. Der erste Griff nach der Macht

20. Warum ließ sich Hitler im November 1923 auf das Risiko eines Putsches ein? Im Sommer und Herbst 1923 beschleunigte sich der Verfall der deutschen Währung, der bereits mit Kriegsende eingesetzt hatte. Gleichsam über Nacht sahen sich große Teile des Mittelstands und der Arbeiterschaft ihrer Ersparnisse beraubt, während Glücksritter und Spekulanten die Gunst der Stunde nutzten, um riesige Vermögen anzuhäufen. Die Hyperinflation verschärfte die Notlage und Verzweiflung breiter Volksschichten. Eine Welle von Streiks und Hungerunruhen erschütterte das Land. In München und Bayern verzeichnete die NSDAP einen starken Zulauf. Zwischen Februar und November 1923 traten 35 000 neue Mitglieder der Partei bei, so dass sich ihre Gesamtzahl auf 55 000 erhöhte. Mit seinen aufpeitschenden Reden schürte Hitler die Erwartungen auf einen baldigen Umsturz, auf eine «nationale Revolution». Damit setzte er sich und seine Bewegung zunehmend unter Handlungsdruck. Ende September 1923 übernahm er die politische Führung des Deutschen Kampfbundes – eines von der Reichswehr geförderten Zusammenschlusses mehrerer paramilitärischer Verbände, darunter die von Hermann Göring befehligte Sturmabteilung (SA).

Gegenspieler Hitlers in Bayern war das sogenannte Triumvirat: Generalstaatskommissar Gustav Ritter von Kahr, der Befehlshaber der Reichswehr in Bayern, Generalleutnant Otto von Lossow, und der Chef der bayerischen Landespolizei, Oberst Hans von Seißer. Auch sie wollten eine «nationale Diktatur» errichten, die Initiative dazu sollte jedoch von der Reichswehrführung in Berlin ausgehen. Hitler hingegen wollte zunächst die Diktatur in München ausrufen und von hier aus nach dem Vorbild Mussolinis den «Marsch auf Berlin» antreten. Für das Unternehmen gewonnen hatte er General a. D. Erich Ludendorff, der schon beim gegenrevolutionären Kapp-Putsch in Berlin im März 1920 die Fäden gezogen hatte.

Aus seinen Absichten machte der NSDAP-Vorsitzende in einer Rede im Zirkus Krone am 30. Oktober 1923 keinen Hehl: «Bayern hat heute eine große Mission (...) Wir müssen den Kampf hinaustragen, den Stoß ins Herz führen (...) Für mich ist die deutsche Frage erst dann gelöst, wenn die schwarzweißrote Hakenkreuzfahne vom

Berliner Schloß weht.» In den ersten Novembertagen wurde deutlich, dass das Triumvirat nicht bereit war, die Initiative zu ergreifen. Hitler aber konnte nach den großsprecherischen Ankündigungen nicht länger warten, wollte er die hochgespannten Erwartungen seiner Anhänger nicht enttäuschen. So trat er die Flucht nach vorn an. Am Abend des 6. November fasste er den Entschluss zum Losschlagen.

Ursprünglich sollte die Aktion am 11. November, dem Tag der Unterzeichnung des Waffenstillstands 1918, stattfinden. Doch dann entschied sich Hitler, den Termin auf den 8. November vorzuverlegen, als bekannt wurde, dass Kahr am Abend dieses Tages eine Rede im Bürgerbräukeller halten wollte, zu der alles, was Rang und Namen in der Stadt hatte, geladen wurde. Mit der handstreichartigen Besetzung des Bürgerbräukellers bot sich die Gelegenheit, faktisch die gesamte politische Prominenz Münchens in die Hand zu bekommen und die Initialzündung zum Putsch zu geben. Das Triumvirat sollte auf diese Weise vor vollendete Tatsachen gestellt und zum Mitmachen gezwungen werden.

21. Konnte der Coup überhaupt gelingen? Von vornherein besaß der Putschversuch vom 8./9. November 1923 nur geringe Erfolgschancen. Denn die ökonomischen Rahmenbedingungen hatten sich bereits verändert. Mit der Gründung der «Rentenbank» Mitte Oktober hatte die Berliner Regierung einen entscheidenden Schritt zur Sanierung der Währung unternommen. Der Höhepunkt der Krise war überschritten. Überdies war die gesamte Aktion nur unzureichend vorbereitet worden. Alles war auf die überfallartige Überrumpelung des Triumvirats gestellt. Für eine weitergehende Planung, vor allem die Besetzung von Kasernen, Verkehrs- und Kommunikationszentren, war kaum Vorsorge getroffen worden.

Zwar gelang es Hitler in der Versammlung im Bürgerbräukeller am Abend des 8. November, Kahr, Lossow und Seißer buchstäblich mit vorgehaltener Pistole die Zusage abzupressen, sich dem Putsch anzuschließen. Doch kaum war es den drei Männern gelungen, sich aus dem Bürgerbräukeller zu entfernen, brachen sie auch schon ihr Versprechen und leiteten Gegenmaßnahmen in die Wege. Reichswehr und bayerische Landeswehr stellten sich gegen die Putschisten, und damit war das Unternehmen zum Scheitern verurteilt. Am Mittag des 9. November versuchten Hitler und Ludendorff noch einmal, das Blatt zu wenden, indem sie einen Demonstrationszug ins Stadtinnere veranstalteten. Er endete im Kugelhagel vor der Feldherrnhalle. Vier Polizisten, 15 Putschisten und ein unbeteiligter Bürger kamen ums Leben. Hitler, der sich beim Sturz den Arm auskugelte, floh mit dem Auto nach Uffing am Staffelsee, zum Landhaus der Familie Hanfstaengl, wo er am 11. November verhaftet wurde. Noch am selben Tag wurde er in die Festung Landsberg am Lech eingeliefert.

So dilettantisch der Putsch inszeniert worden war, so ernst war doch das, was in der Nacht zum 9. November in München geschah. Denn für einige Stunden glaubten sich die Nationalsozialisten bereits im Besitz der Macht und begannen, Vertreter der politischen Linken und jüdische Bürger Münchens zu terrorisieren. Angehörige des «Stoßtrupps Hitler» besetzten die Redaktionsräume der SPD-Zeitung «Münchener Post» und richteten hier erhebliche Zerstörungen an. Acht Stadträte der Linksparteien – SPD, USPD und KPD – wurden im Rathaus verhaftet und im Bürgerbräukeller festgesetzt. SA-Kommandos schwärmten aus, um Juden, wo immer sie sie greifen konnten, als Geiseln festzunehmen. So warf der Putsch vom 8./9. November 1923 bereits einen Schatten voraus auf das, was sich zehn Jahre später, nach Hitlers Ernennung zum Reichskanzler, in ganz Deutschland ereignen sollte.

22. Welche Lehren zog Hitler aus dem gescheiterten Putsch? Der Fehlschlag des Putsches vom 8./9. November 1923 war das – nach der Ablehnung an der Wiener Kunstakademie – zweite große Enttäuschungserlebnis Hitlers in seiner bisherigen Laufbahn. Nach vier Jahren eines triumphalen Aufstiegs zum Führer des rechtsextrem-völkischen Lagers drohte nun der Absturz in die politische Bedeutungslosigkeit. Die wichtigste Lehre, die er aus dem gescheiterten Unternehmen zog, war, dass er, wollte er zur Macht gelangen, einen anderen Weg einschlagen musste: nicht den des Putsches, sondern den der scheinbaren Legalität. Künftig sollte das Schwergewicht darauf gelegt werden, im Rahmen der bestehenden Gesetze die Republik durch Propaganda zu delegitimieren. Neben der außerparlamentarischen Mobilisierung sollte dazu auch die parlamentarische Bühne genutzt werden. Die Tätigkeit im Parlament sei «eines der vielen Mittel zur Bekämpfung des heutigen Systems», fasste Rudolf Heß in einem Brief vom Mai 1925 Hitlers Standpunkt zusammen. Es gehe nicht um «positive Mitarbeit», sondern um «dauernde schärfste Opposition und Obstruktion». Die Devise müsse daher lauten: «Das Parlament oder besser den Parlamentarismus im Parlament ad absurdum führen.»

Die neue Taktik verlangte, dass den putschbereiten Kräften innerhalb der Bewegung Zügel angelegt wurden. Nach den Richtlinien für die SA vom Februar 1925 wurde die Bildung bewaffneter Formationen untersagt: «Wer entgegen den Anordnungen der Leitung Waffen trägt oder in Depots aufzubewahren sucht, wird sofort aus der SA und Partei ausgeschlossen.» Nach dem ersten großen Wahlerfolg der NSDAP im September 1930 bekräftigte Hitler in einem Prozess gegen drei mit der Partei sympathisierende Reichswehroffiziere vor dem Reichsgericht in Leipzig seinen Legalitätskurs: Er wolle seine Ziele «unter keinen Umständen mit ungesetzlichen Mitteln» erreichen, sondern auf «verfassungsmäßigem Wege die ausschlaggebenden Mehrheiten in den gesetzgebenden Körperschaften zu erlangen suchen».

Zugleich aber ließ Hitler keinen Zweifel daran, was er nach der Machtübernahme zu tun gedachte: «Wenn unsere Bewegung in ihrem legalen Kampf siegt, wird ein deutscher Staatsgerichtshof kommen, und der November 1918 wird seine Sühne finden, und es werden Köpfe rollen.» Das heißt: Auf Gewalt wollte Hitler nur so lange verzichten, wie er die Macht noch nicht erobert hatte. Das Bekenntnis zur verfassungsmäßigen Ordnung diente lediglich dem taktischen Zweck, der NSDAP den politischen Spielraum zu sichern, um im Schutz der Legalität die Weimarer Republik aus den Angeln zu heben.

23. Wie agierte Hitler im Prozess vor dem Volksgericht München? Am 26. Februar 1924 begann vor dem Volksgericht München I der Prozess gegen Hitler, Ludendorff und acht weitere Angeklagte. Das Interesse der Öffentlichkeit war sehr groß, der Sitzungssaal in der ehemaligen Kriegsschule in der Blutenburgstraße 3 bis auf den letzten Platz gefüllt. Von Anfang an spielte sich Hitler als Herr des Verfahrens auf. In seiner vierstündigen Verteidigungsrede zum Auftakt des Prozesses übernahm er die volle Verantwortung für den Putsch: «Ich allein habe letzten Endes die Sache gewollt.» Zugleich aber wies er den Hauptanklagepunkt, den Vorwurf des Hochverrats, zurück, da es «keinen Hochverrat gegen die Landesverräter von 1918» geben könne.

Hitler hatte das Glück, in dem Vorsitzenden des Gerichts, Georg Neithardt, auf einen Repräsentanten der bayerischen Justiz zu stoßen, der aus seinen Sympathien für die Angeklagten keinen Hehl machte. Er ließ es zu, dass Hitler das Tribunal zur Bühne für seine Agitation umfunktionieren konnte. Die Rolle des Angeklagten mit der des Anklägers vertauschend, durfte Hitler in den nichtöffentlichen Sitzungen des Prozesses die Zeugen, vor allem die Mitglieder des Triumvirats, ausführlich befragen. Er nutzte die Gelegenheit, um Kahr, Lossow und Seißer regelrecht vorzuführen: Sie hätten schließlich auch den Umsturz gewollt, seien dann aber aus Angst vor der eigenen Courage abgesprungen. In seinem theatralischen Schlusswort wandte sich Hitler direkt an die Richter: «Nicht Sie sprechen hier das letzte Urteil, sondern das Urteil spricht jene Göttin des letzten Gerichts, die sich aus unsren und Ihren Gräbern als ‹Geschichte› einst erheben wird (...) Mögen Sie tausendmal Ihr ‹Schuldig!› sprechen, diese ewige Göttin des ewigen Gerichts wird lächelnd den Antrag des Staatsanwalts zerreißen und lächelnd zerreißen das Urteil des Gerichts, denn *die* spricht uns frei.»

Am 1. April 1924 wurde das Urteil gesprochen: Ludendorff, der immer noch von seinem Bonus als berühmter Weltkriegsgeneral zehrte, wurde freigesprochen. Hitler wurde zu fünf Jahren Festungshaft verurteilt, allerdings mit der Aussicht, bereits nach sechs Monaten auf Bewährung freizukommen. Auch die übrigen Angeklagten kamen mit äußerst milden Strafen davon. Bei den Verteidigern der Weimarer Demokratie stieß das Urteil auf scharfe Kritik. «In München ist ein Justizmord an der Republik begangen worden», kommentierte die linksliberale «Weltbühne». Hitler sah sich durch den Ausgang des Verfahrens in seinem Glauben an seine historische Sendung bestätigt. Er hatte es verstanden, das Fiasko des Staatsstreichs in einen propagandistischen Triumph zu verwandeln. Der gescheiterte Coup vom 8./9. November sollte nach 1933 zu einem zentralen Bezugspunkt der nationalsozialistischen Parteilegende und zu einem der wichtigsten Gedenktage des Regimes werden.

24. Wie waren die Haftbedingungen in der Festung Landsberg? Als Festungshäftlinge in Landsberg waren Hitler und die übrigen verurteilten Nationalsozialisten vom normalen Strafvollzug ausgenommen. Ihre Haftbedingungen glichen eher einem Sanatorium als einem Gefängnis. Sie durften sich viele Stunden am Tag im Freien aufhalten, sportliche Wettkämpfe veranstalten, sich gegenseitig besuchen. Hitler genoss alle nur denkbaren Privilegien. Seine Zelle im ersten Stock, dem «Feldherrnhügel», war ein großes, helles, komfortabel eingerichtetes Zimmer. Zur reichhaltigen Anstaltskost kamen ständig Pakete mit «Liebesgaben», so dass der Raum auf Besucher den Anblick eines Delikatessenladens machte. Unablässig pilgerten Verehrer und politische Gefolgsleute aus allen Teilen Deutschlands nach Landsberg. Zwischen April und Dezember 1924 durfte Hitler insgesamt 330 Besucher empfangen, darunter auch seine Förderer, das Ehepaar Bechstein aus Berlin und Elsa Bruckmann aus München. Diese erinnerte sich 1933 in einem Bericht «Meine erste Fahrt zum Führer», wie ihr Hitler «in der bayerischen kurzen Wichs und gelbem Leinenjöpperl» entgegengetreten sei – «schlicht, ritterlich und hellen Auges».

Seinen Mitgefangenen schärfte Hitler ein, sich gegenüber den Beamten so zu benehmen, dass sich diese am Ende selbst als Nationalsozialisten bekennen würden. Viel Überzeugungsarbeit war da gar nicht mehr vonnöten. Denn die meisten Wärter sympathisierten mit den Bestrebungen Hitlers. Sie behandelten ihn mit großem Respekt und erlaubten ihm, dass er ungestört Vorträge vor seinen Leuten halten konnte. In seinem Gutachten vom 15. September 1924 lobte der Gefängnisdirektor Otto Leybold Hitler als einen «Mann der Ordnung, der Disziplin». Er sei «genügsam, bescheiden und gefällig», stelle «keinerlei Ansprüche», sei «ruhig und verständig» und «peinlich bemüht, sich den Einschränkungen des Strafvollzugs zu fügen». Bei so viel Wohlwollen verwundert es nicht, dass Hitler am 20. Dezember 1924 freikam, nachdem das Oberste Landesgericht eine Beschwerde der Staatsanwaltschaft gegen die Haftentlassung zurückgewiesen hatte. Am Landsberger Stadttor machte Heinrich Hoffmann ein Erinnerungsfoto, das mit der Bildlegende «Hitler verläßt Landsberg» in zahlreichen Zeitungen nachgedruckt wurde.

Hitler und Mitgefangene in der Festung Landsberg 1924. (V. l. n. r.: A. H., Emil Maurice, Hermann Kriebel, Rudolf Heß, Friedrich Weber).

25. Wie entstand «Mein Kampf»? Anfang Juni 1924 bat Hitler seine Anhänger in einer Presseerklärung, von weiteren Besuchen in Landsberg abzusehen, da er an einem Buch schreibe und die dafür nötige freie Zeit nutzen wolle. Die Vorarbeiten reichten zurück bis in die ersten Wochen der Haft. Bereits bei seiner ersten Vernehmung durch den Staatsanwalt Mitte Dezember 1923 hatte Hitler mitgeteilt, er wolle eine umfangreiche Denkschrift verfassen, in der er seinen Gegnern «die Maske vom Gesicht reißen» werde. Diese Denkschrift ist nicht erhalten geblieben, ihr Inhalt aber lässt sich den ausschweifenden Reden entnehmen, die der Angeklagte im Prozess vor dem Münchner Volksgericht hielt.

Ursprünglich dachte Hitler demnach vor allem daran, mit all jenen in der bayerischen Politik abzurechnen, die ihn erst unterstützt, dann aber nach dem Putschversuch vom 8./9. November 1923 wie eine heiße Kartoffel fallen gelassen hatten. Anfang Juni 1924 kündigte der parteieigene Eher-Verlag in einer Werbebroschüre das Erscheinen des Buches bereits für Juli an, und zwar unter dem Titel: «4½ Jahre Kampf gegen Lüge, Dummheit und Feigheit. Eine Abrechnung».

Doch die Veröffentlichung ließ auf sich warten, denn Hitler hatte sich entschlossen, das Buch zu erweitern zu einer Kombination aus Autobiographie und Programmschrift. Das bot ihm die Chance, seine wenig rühmlichen Jahre vor 1914 nach dem Vorbild des bürgerlichen Bildungsromans umzudeuten zur Geschichte einer historischen Sendung, die er, das vom Leben gehärtete Künstlergenie, nunmehr als «Führer» der «Bewegung» zu erfüllen habe.

Doch inwieweit war das Buch überhaupt Hitlers Werk? Hatten womöglich andere mitgeschrieben oder zumindest Einfluss genommen auf das Manuskript? Eine der zählebigen Legenden im Zusammenhang mit der Entstehung lautet, Hitler habe den Text dem Mithäftling Rudolf Heß in die Schreibmaschine diktiert. Diese Version geht zurück auf die Erzählung eines ehemaligen Gefängniswärters und wurde ungeprüft in vielen Biographien übernommen. Tatsächlich tippte Hitler das Manuskript selbst. Wie bei der Vorbereitung seiner Reden hatte er sich zuvor Stichworte notiert. In seinen Briefen aus dem Gefängnis hat Heß genau geschildert, wie er Hitler zu Diensten war. So schrieb er Ende Juli 1924: «Er (Hitler) liest mir jetzt regelmäßig aus seinem Buch vor, das er gerade schreibt, wenn ein Kapitel fertig ist, kommt er damit zu mir. Er erläutert (es) mir, und wir sprechen über den einen oder den anderen Punkt.» Heß war also weder Co-Autor, noch hat er den Inhalt des Buches wesentlich beeinflusst. Was Hitler bei ihm suchte, war nicht Rat, sondern Bestätigung, und die ließ ihm sein gläubiger Gefolgsmann reichlich zuteil werden.

Als Hitler am 20. Dezember 1924 aus der Haft entlassen wurde, war ein Großteil des Manuskripts abgeschlossen. Doch das Erscheinen verzögerte sich abermals – aus politischen Gründen: Hitler wollte seine Bemühungen um eine Aufhebung des NSDAP-Verbots und eine Neugründung der Partei nicht gefährden. In diesem Zusammenhang ist nicht nur die Entschärfung des Titels zu sehen – ab Februar 1925 lautete er in verknappter Form nur mehr «Mein Kampf» –, sondern auch eine weitere einschneidende Veränderung: Aus einem Band wurden zwei. Hitler entschied sich, den ersten mit der Verkündung des Parteiprogramms am 24. Februar 1920 enden zu lassen und einige bereits fertiggestellte programmatische Kapitel für den zweiten Band aufzusparen. Der sollte bis ins Krisenjahr 1923 führen, den Novemberputsch aber bewusst nicht mehr behandeln, um das politische Comeback nicht zu gefährden.

In der Literatur finden sich zahlreiche Namen von Mitarbeitern, die angeblich bei der Endredaktion des ersten Bandes Hitler zur Hand gegangen seien und ganze Abschnitte umformuliert hätten. Doch sicher belegt ist nur die Mitwirkung von Josef Stolzing-Cerny, Musikkritiker beim «Völkischen Beobachter», und Ilse Pröhl, der Freundin und späteren Frau von Rudolf Heß. Ihr Beitrag beschränkte sich aber im Wesentlichen auf stilistische Korrekturen.

Der erste Band von «Mein Kampf» kam am 18. Juni 1925 heraus. Erst im Herbst 1926 fand Hitler die Zeit, um auf dem Obersalzberg einer Sekretärin die letzten Teile des zweiten Bandes zu diktieren. Rudolf Heß, seit April 1925 sein Privatsekretär, übernahm die Korrekturarbeiten. Am 11. Dezember 1926 wurde das Buch ausgeliefert. «Eine Welle von Erstaunen, Wut und Bewunderung» werde nach der Publikation «durch die deutschen Lande gehen», prophezeite Heß. Doch davon konnte zunächst keine Rede sein. Der erste Band, aufgelegt mit einer Startauflage von 10 000 Exemplaren, war zwar rasch verkauft, doch für den zweiten Band war das Interesse schon deutlich geringer. Erst 1929/30, mit dem politischen Durchbruch der NSDAP, entwickelte sich «Mein Kampf» zum Bestseller, bevor das Buch – von 1933 an – zur Bibel der Deutschen wurde.

26. Welche zentralen Ideen vertritt Hitler in «Mein Kampf»? Hitlers Bekenntnisschrift enthielt, was die programmatischen Teile betrifft, wenig Originelles. Vielmehr vermengte er das, was er sich in völkischen Büchern und Broschüren angelesen und in unzähligen Reden verkündet hatte, zu einer Synthese – allerdings mit dem großspurigen Anspruch, eine in sich geschlossene «Weltanschauung» zu präsentieren. Im Mittelpunkt stehen die Begriffe «Volk und Rasse» – so lautet auch die Überschrift zum 11. Kapitel des ersten Bandes. In der «Rassenfrage» sah Hitler den Schlüssel zur Erklärung der geschichtlichen Entwicklung. Seine Auffassung von der Rasse leitete er aus den angeblichen Gesetzen der Natur ab. Hier herrsche der «allgemein gültige Trieb zur Rassereinheit»: «Der Fuchs ist immer ein Fuchs, die Gans eine Gans, der Tiger ein Tiger usw.» Jede Vermischung der Rassen sei demnach ein Verstoß gegen die Naturgesetze und führe automatisch zu Niedergang und Verfall. Seine biologisch begründete Rassentheorie verknüpfte Hitler mit dem sozialdarwinistischen Dogma, dass im «erbarmungslosen Lebenskampf der Völker» immer der Starke obsiege, während der Schwache unterliege. In der Logik dieser zutiefst inhumanen Weltsicht lag die Idee der «Höherzüchtung» einer Rasse, der «Arier», denen am Ende die Herrschaft über die Welt zufallen sollte.

Als negatives Gegenbild fungierte im bipolaren Weltbild Hitlers die «jüdische Rasse». In vielen Passagen von «Mein Kampf» wiederholte er, was er seit 1919 in seinen antisemitischen Hetztiraden ausgeführt hatte: «Die» Juden wurden als Inkarnation alles Bösen gebrandmarkt, ihre «Entfernung» zur wichtigsten Aufgabe seiner politischen Mission erklärt. Im Lichte dieser ideologischen Obsession erhielt der antijüdische Kampf geradezu eine heilsgeschichtliche Dimension: «So glaube ich heute im Sinne des allmächtigen Schöpfers zu handeln. Indem ich mich des Juden erwehre, kämpfe ich für das Werk des Herrn.» Was «Entfernung» der Juden konkret bedeutete, ließ Hitler offen. Wenn er an einer Stelle in «Mein Kampf» davon sprach, man hätte gleich zu Beginn des Krieges «einmal zwölf- bis fünfzehntausend dieser hebräischen Volksverderber (...) unter Giftgas» setzen sollen, dann lässt sich aus solchen mörderischen Gedankenspielen noch nicht auf einen bereits feststehenden Plan zur physischen Vernichtung der europäischen Juden schließen.

Was die Außenpolitik betraf, so war Hitler angetreten mit der Forderung nach Beseitigung des Versailler Vertrages, nach Abrechnung mit dem «Erzfeind» Frankreich, der Wiedergewinnung der Kolonien und der Wiederherstellung der Grenzen von 1914. Mit diesem Programm lag er zunächst noch ganz auf der Linie eines Revisionismus, wie er in alldeutsch-völkischen und deutschnationalen Kreisen Konsens war. In «Mein Kampf» setzte Hitler jedoch einen neuen Akzent: Eine Nation mit expandierender Bevölkerung wie die deutsche, so behauptete er, brauche einen hinreichend großen «Lebensraum», um sich ernähren und machtpolitisch entfalten zu können. Diese Idee ging unter anderem auf den Geographen und Professor an der Münchner Universität Karl Haushofer zurück, der seine geopolitischen Vorstellungen über seinen Schüler und jungen Freund Rudolf Heß an Hitler herangetragen hatte.

Im 4. Kapitel des ersten Bandes gab Hitler bereits die Richtung vor, wo «Lebensraum» erobert werden sollte: «Wollte man in Europa Grund und Boden, dann konnte dies im großen und ganzen nur auf Kosten Rußlands geschehen, dann mußte sich das neue Reich wieder auf der Straße der einstigen Ordensritter in Marsch setzen, um mit dem deutschen Schwert dem deutschen Pflug die Scholle, der Nation aber das tägliche Brot zu geben.» Die gewaltsame Expansion nach Osten erschien Hitler ein relativ risikoloses Unterfangen, denn er sah die Sowjetunion in der Hand von Juden, also in ihrer «rassischen Substanz» entscheidend geschwächt. «Das Riesenreich im Osten ist reif zum Zusammenbruch. Und das Ende der Judenherrschaft in Rußland wird auch das Ende Rußlands als Staat sein. Wir sind vom Schicksal ausersehen, Zeugen einer Katastrophe zu werden, die die gewaltigste Bestätigung für die Richtigkeit der völkischen Rassentheorie sein wird.» Die beiden wichtigsten Ziele Hitlers – die Vernichtung des «jüdischen Bolschewismus» und die Eroberung von «Lebensraum im Osten» – waren damit programmatisch fixiert. Daran sollte er, ungeachtet aller taktischen Flexibilität, auch als Reichskanzler unbeirrt festhalten.

27. War «Mein Kampf» ein ungelesener Bestseller? Im Jahr 1930 erschien eine preiswerte «Volksausgabe» von «Mein Kampf». Bis Ende 1932 waren fast 228 000 Exemplare verkauft. Nach der Machtübertragung auf Hitler schoss die Auflage noch einmal kräftig in die Höhe. In öffentlichen Bibliotheken und Schulen wurde die Anschaffung des Buches zur Pflicht. Seit 1936 waren die Standesbeamten angewiesen, frisch getrauten Paaren ein Exemplar zu überreichen. Im Zweiten Weltkrieg kam eine Dünndruckausgabe für die Soldaten heraus. 1944 belief sich die Gesamtauflage auf 12,5 Millionen Exemplare.

Nach 1945 wollten viele Deutsche «Mein Kampf» zwar besessen, sich aber gar nicht weiter damit befasst haben. Selbst ehemalige gläubige Nationalsozialisten gaben zu Protokoll, das Buch eher widerwillig und nur bruchstückhaft gelesen zu haben. Die historische Forschung hat solche Auskünfte lange Zeit für bare Münze genommen. Erst Othmar Plöckinger hat in einer gründlichen Untersuchung («Geschichte eines Buches: Adolf Hitlers ‹Mein Kampf›», 2006) die Behauptung vom ungelesenen Bestseller ins Reich der Legenden verwiesen. Bereits der erste Band wurde nach seinem Erscheinen nicht nur in völkischen Blättern, sondern auch in der bürgerlichen Presse breit besprochen. Unter Hitlers Anhängern hatte «Mein Kampf» spätestens mit Beginn der dreißiger Jahre alle konkurrierenden Werke von NS-Autoren aus dem Feld geschlagen und sich als Parteibibel etabliert, die für interne Schulungen und Propagandazwecke genutzt wurde.

Gewiss haben nicht alle, die das Buch als Hochzeitsgeschenk überreicht bekamen, es auch eingehend studiert, aber in seinen wichtigsten Thesen dürfte es nicht nur überzeugten Nationalsozialisten bekannt gewesen sein. Auch die hohen Ausleihzahlen öffentlicher Bibliotheken in den ersten Jahren der Diktatur sprechen für ein anhaltend großes Interesse.

IV. Der zweite Griff nach der Macht

28. Warum ließ die bayerische Regierung die Neugründung der NSDAP zu? Noch am 9. November 1923, dem Tag des gescheiterten Putsches, war die NSDAP mitsamt ihren Unterorganisationen verboten worden; auch die Parteizeitung, der «Völkische Beobachter», musste ihr Erscheinen einstellen. Die nationalsozialistische Bewegung zerfiel in mehrere, sich zum Teil heftig befehdende Gruppierungen. Immerhin gelang es einer vereinigten Liste aus dem Völkischen Block (VB) und Deutschvölkischer Freiheitspartei (DVFP), bei der Reichstagswahl vom 4. Mai 1924 6,5 Prozent der Stimmen und 32 Mandate zu erringen. Bei der Reichstagswahl vom 7. Dezember 1924 kamen die Völkischen nur noch auf 3 Prozent, verloren also im Vergleich zum Mai mehr als die Hälfte der Stimmen. Die extreme Rechte hatte offenbar ihren Höhepunkt überschritten, eine Gefahr für die öffentliche Ordnung schien von ihr nicht mehr auszugehen.

Hitler, der sich während der Landsberger Haft aus dem Streit im völkischen Lager herausgehalten hatte, bereitete sein Comeback sorgfältig vor. Anfang Januar 1925 machte er dem bayerischen Ministerpräsidenten und Vorsitzenden der Bayerischen Volkspartei (BVP), Heinrich Held, seine Aufwartung. Er gab sich geläutert und versprach, sich künftig an die Gesetze halten zu wollen. Auf Held machte das offensichtlich Eindruck. Nachdem er Hitler ermahnt hatte, er werde eine Rückkehr zu Zuständen wie die im Herbst 1923 nicht dulden, sagte er zu, das Verbot der NSDAP und des «Völkischen Beobachters» aufzuheben. «Die Bestie ist gezähmt. Jetzt kann man die Fesseln lockern», soll er bemerkt haben.

Hier zeigt sich ein Verhaltensmuster, das wie kein zweites den Aufstieg Hitlers zur Macht begünstigen sollte: Der NSDAP-Vorsitzende wurde von seinen Gegenspielern nicht nur in Bayern in seiner Gefährlichkeit immer wieder unterschätzt. «Die Geschichte Hitlers ist die Geschichte seiner Unterschätzung», hat Veit Valentin, einer der großen liberal-demokratischen Außenseiter der deutschen Historikerzunft, 1946 im amerikanischen Exil zu Recht festgestellt.

Am 26. Februar 1925 konnte der «Völkische Beobachter» wieder erscheinen, und einen Tag später verkündete Hitler in einer Versammlung im Bürgerbräukeller, wo er eineinhalb Jahre zuvor seinen

Putsch inszeniert hatte, die Neugründung der Partei. Er appellierte an die anwesenden Vertreter der verschiedenen völkischen Gruppierungen, die Streitaxt zu begraben und sich geschlossen um ihn zu scharen. An seinem Führungsanspruch ließ er keinen Zweifel: «Ich habe mich neun Monate jedes Wortes enthalten; nun führe ich die Bewegung, und Bedingungen stellt mir niemand.»

29. Wie erklärt sich die Stagnation der Hitler-Bewegung nach Aufhebung des Verbots? Die wirtschaftlichen und politischen Bedingungen hatten sich im Vergleich zur Aufstiegsperiode der NSDAP vor Herbst 1923 deutlich verändert. Auf die krisenhaften Nachkriegsjahre folgte zwischen 1924 und 1928 eine Phase der relativen Stabilisierung der Weimarer Republik. Die Wirtschaft erholte sich erstaunlich rasch, und 1927 erreichte die Industrieproduktion wieder den Vorkriegsstand. Der von Außenminister Gustav Stresemann verfolgte Kurs einer Verständigung mit den Westmächten trug mit den Locarno-Verträgen von 1925 und der Aufnahme Deutschlands in den Völkerbund 1926 erste Früchte. Auf kulturellem Gebiet zeichneten sich die «goldenen zwanziger Jahre» durch einen ungewöhnlichen Reichtum an Kreativität und Experimentierlust aus. All das wirkte dem Trend zum politischen Radikalismus entgegen.

Für die neugegründete NSDAP standen also die Zeichen nicht mehr so günstig. Hinzu kam, dass die bayerische Regierung über Hitler ein Redeverbot verhängte, weil er sich bei dem ersten öffentlichen Auftritt nach seiner Entlassung am 26. Februar 1925 wiederum einer äußerst aggressiven Sprache bedient hatte. Die meisten anderen Länder, darunter auch Preußen, schlossen sich dem Verbot an. In Bayern wurde es erst im März 1927 aufgehoben. Damit war der NSDAP-Vorsitzende für zwei Jahre seiner schärfsten Propagandawaffe beraubt: der Rede in Massenkundgebungen. In geschlossenen Parteiversammlungen durfte er allerdings weiterhin auftreten.

So erklärt sich, dass die Entwicklung der NSDAP nach Aufhebung des Parteiverbots weniger eindrucksvoll verlief, als es die Parteipropaganda behauptete. Ende 1925 lag die Zahl der Mitglieder bei knapp 27 000, Ende 1926 bei 50 000. Erst im März 1927 übertraf sie mit 57 477 Mitgliedern den Stand vom Oktober 1923. Selbst in München, dem Sitz der Parteizentrale, war nichts mehr von der Dynamik der Bewegung in den frühen zwanziger Jahren zu spüren. Die NSDAP-

Ortsgruppe kam bis Frühjahr 1928 über 2500 Mitglieder nicht hinaus, im Vergleich zu 1923 ein deutlicher Rückgang. Bei der Reichstagswahl vom 20. Mai 1928 erzielte die NSDAP gerade einmal 2,6 Prozent der Stimmen, sogar noch weniger, als auf die Liste der Völkischen bei der Wahl vom Dezember 1924 entfallen waren.

Dennoch waren die Jahre zwischen 1925 und 1929 als Bedingung für die späteren Erfolge der NSDAP wichtig. Zum einen setzte Hitler seinen Führungsanspruch gegen alle Konkurrenten kompromisslos durch. Ludendorff wurde schon 1925 ins Abseits manövriert. Der Landshuter Apotheker Gregor Straßer, der eine starke Position in Nord- und Westdeutschland aufgebaut hatte, musste sich auf der «Führertagung» in Bamberg am 14. Februar 1926 Hitler beugen. Die Umwandlung der NSDAP in eine Führer-Partei fand im Juli 1926 auf dem Parteitag in Weimar ihren Abschluss.

Zum anderen wurde ein Netzwerk von Nebenorganisationen und Verbänden geschaffen, um unterschiedliche Berufsgruppen zu erfassen, unter anderem der Nationalsozialistische Deutsche Studentenbund, der Kampfbund für die deutsche Kultur, der Bund Nationalsozialistischer Juristen, der Nationalsozialistische Deutsche Lehrerbund.

Im Winter 1928/29 trübte sich die Konjunktur ein. Die Zeit der Stabilisierung der Weimarer Republik neigte sich dem Ende zu. In den Landtags- und Kommunalwahlen des Jahres 1929 konnte die NSDAP bereits deutliche Zuwächse verbuchen. Und die Teilnahme an der vom Vorsitzenden der Deutschnationalen Volkspartei (DNVP) und Medienmogul Alfred Hugenberg initiierten Kampagne gegen den Reparationsplan des Amerikaners Owen Young bot ihr die Gelegenheit, sich als *die* Protestpartei der Rechten in den Vordergrund zu spielen. Der eigentliche Durchbruch zur Massenbewegung gelang ihr jedoch erst im Gefolge der Weltwirtschaftskrise.

30. Warum profitierte Hitler am meisten von der Weltwirtschaftskrise? Am 24. Oktober 1929 brach der Aktienmarkt an der New Yorker Börse zusammen – der Auftakt zur Weltwirtschaftskrise. Deutschland wurde von den Folgen besonders hart getroffen. Der wirtschaftliche Aufschwung der Jahre 1924 bis 1928 war im Wesentlichen finanziert worden mit Hilfe kurzfristiger ausländischer, vor allem amerikanischer Kredite, die nach dem Börsenkrach abgezogen wurden. Die Talfahrt der Konjunktur, die bereits 1928/29 eingesetzt hatte, beschleunigte sich. Die Zahl der registrierten Arbeitslosen stieg sprunghaft an – von 1,3 Millionen im September 1929 auf über 6 Millionen Anfang 1932. Mit der Wirtschaftskrise verbunden war ein dramatischer Legitimationsverlust der demokratischen Institutionen und Parteien. Im März 1930 zerbrach die Große Koalition unter dem SPD-Reichskanzler Hermann Müller an der Frage einer Erhöhung der Beiträge zur Arbeitslosenversicherung. Generalfeldmarschall a. D. Paul von Hindenburg, seit 1925 Reichspräsident, beauftragte daraufhin den Fraktionsvorsitzenden des Zentrums, Heinrich Brüning, mit der Bildung eines Präsidialkabinetts, das unabhängig von den Mehrheitsverhältnissen im Parlament mit Hilfe von Notverordnungen, gestützt auf Artikel 48 der Reichsverfassung, regieren sollte. Die Auflösung der Weimarer Republik hatte begonnen.

Hauptnutznießer der wirtschaftlich-politischen Doppelkrise war Hitler. Für den NSDAP-Vorsitzenden, der bei seinen Anhängern längst kultische Verehrung genoss und sich in der Rolle des charismatischen «Führers» gefiel, war jetzt die Situation da, auf die er gewartet hatte. Wie kein zweiter Politiker verstand er es, sich als nationaler Retter zu präsentieren und die Heilserwartungen des Publikums auf sich zu ziehen. Er konnte dabei anknüpfen an tief in der deutschen politischen Kultur verankerte Mentalitäten, etwa den Ruf nach einem «starken Mann», einem «zweiten Bismarck», der Deutschland aus der Krise herausführen und zu neuer Größe verhelfen könne. Erst aus der Wechselwirkung zwischen den demagogischen Fähigkeiten Hitlers und den Erlösungssehnsüchten breiter Teile der deutschen Gesellschaft lässt sich der Durchbruch der NSDAP zur Massenbewegung erklären.

Ins Zentrum seiner Wahlkampfreden 1930 stellte Hitler die Polemik gegen das «System von Weimar», das er für Niedergang und Verfall verantwortlich machte. Damit verbunden war das Versprechen eines nationalen Wiederaufstiegs, ähnlich der preußischen «Erhebung» von 1813. Bei der Reichstagswahl am 14. September 1930 steigerte die NSDAP ihren Stimmenanteil von 2,6 auf 18,3 Prozent, die Zahl ihrer Mandate erhöhte sich von 12 auf 107. Mit diesem Erdrutscherfolg sah sich der NSDAP-Vorsitzende mit einem Schlag ins Zentrum der deutschen Politik katapultiert – als vielumworbener Partner in einer möglichen Rechtskoalition.

31. Hat Hitler in den Wahlkämpfen der Jahre 1930 bis 1933 seinen Antisemitismus gezügelt? In der Literatur ist immer wieder die Auffassung vertreten worden, dass Hitler in den Wahlkämpfen am Ende der Weimarer Republik die «Judenfrage» mit Rücksicht auf bürgerliche Wähler ausgeklammert habe. Studiert man die vom Münchner Institut für Zeitgeschichte herausgegebene Sammlung seiner Reden, ergibt sich ein anderes, differenziertes Bild. Bereits bei der Eröffnung des Wahlkampfes in München am 18. Juli 1930 beklagte er, dass «dem Juden in Deutschland alles erlaubt» sei und er «praktisch über allen Gesetzen» stünde. Man werde dafür sorgen, dass die «mit echt jüdischer Fingerfertigkeit» fabrizierten «Lügen der marxistischen Partei» aufgedeckt würden.

Die Begriffe «jüdisch» und «marxistisch» gebrauchte Hitler, wie schon vor 1930, häufig synonym. Der Marxismus agiere nur als «Vorspann der Juden», die nichts anderes wollten, «als alles Geld an sich zu reißen», behauptete er eine Woche später in Nürnberg. Dass «die» Juden nicht nur die Presse, sondern auch die Börse beherrschten, war ein wiederkehrender Topos, und so wusste auch jeder, wer gemeint war, wenn Hitler von den «internationalen Finanzspinnen» sprach, die sich am Unglück der Nation nährten, oder wenn er ausrief: «Die internationale Hochfinanz ist heute Deutschlands Herr.» Das Attribut «jüdisch» war hier weggelassen, und das deutet darauf hin, dass der Demagoge bemüht war, seinen fanatischen Antisemitismus in der Tonlage etwas zu dämpfen, ohne sich freilich in der Sache zu korrigieren.

Auch in den Wahlkampagnen des Jahres 1932 verzichtete Hitler auf allzu schrille antisemitische Tiraden. Doch jedem, der nicht nur «Mein Kampf» gelesen, sondern auch eine seiner Reden gehört hatte, musste klar sein, dass die Juden in Deutschland im Falle einer nationalsozialistischen Machtübernahme schweren Zeiten entgegengehen würden.

32. Woher kamen die Wähler der NSDAP? In der Reichstagswahl vom 31. Juli 1932 erzielte die NSDAP ihren größten Erfolg. Sie kam auf 37,4 Prozent der Stimmen und stellte mit 230 Abgeordneten die stärkste Fraktion. Gegenüber der Septemberwahl 1930 hatte sie ihren Anteil noch einmal mehr als verdoppeln können. Besser als die anderen Parteien verstanden es die Nationalsozialisten, das Reservoir der bisherigen Nichtwähler für sich auszuschöpfen. Die Wahlbeteiligung, die 1928 noch bei 75 Prozent gelegen hatte, stieg im September 1930 auf 82 Prozent und im Juli 1932 auf 84,1 Prozent.

In besonderer Weise profitierte die Hitler-Partei vom Niedergang der bürgerlichen Parteien der Mitte und der Rechten. Überall, wo diese massiv an Stimmen verloren, gewann die NSDAP überproportional hinzu. Bei der Septemberwahl 1930 erreichte die Deutschnationale Volkspartei (DNVP), die 1928 noch auf 14,2 Prozent gekommen war, nur noch 7 Prozent, im Juli 1932 nur noch 5,1 Prozent. Die Deutsche Volkspartei (DVP) rutschte von 8,7 auf 4,5 Prozent, im Juli 1932 sogar auf 1,2 Prozent ab. Die einst stolze Deutsche Demokratische Partei (DDP) – seit Juli 1930 Deutsche Staatspartei – fiel von 4,9 Prozent auf 3,8 Prozent und war mit 1 Prozent im Juli 1932 fast ganz verschwunden.

Den größten Zuspruch erfuhren die Nationalsozialisten in den überwiegend protestantisch geprägten ländlichen Gebieten Nord- und Ostdeutschlands, während sich die Bevölkerung in den traditionell katholischen Gegenden gegen ihre Verheißungen resistenter zeigte. So blieb der Wähleranteil der beiden Parteien des politischen Katholizismus – des Zentrums und der regionalen Bayerischen Volkspartei (BVP) – bemerkenswert stabil. Im September 1930 kamen sie auf 11,8 Prozent bzw. 3 Prozent gegenüber 12,1 bzw. 3,1 Prozent 1928. Im Juli 1932 konnten sie sogar mit 12,5 Prozent bzw. 3,2 Prozent leicht zulegen.

Der Soziologe Theodor Geiger hat in seiner zeitgenössischen Analyse der Wahlergebnisse von einer «Panik des Mittelstands» gesprochen. Tatsächlich erwies sich das konservative und liberale Bürgertum weitaus anfälliger für den Nationalsozialismus als das sozialdemokratische und kommunistische Milieu. Die Verluste der SPD hielten sich in Grenzen. Im Juli 1932 erzielte sie immerhin noch 21,6 Prozent (gegenüber 24,5 Prozent 1930 und 29,8 Prozent 1928), während die KPD auf 14,5 Prozent zulegte (gegenüber 13,1 Prozent 1930 und 10,6 Prozent 1928). Doch auch bei den Arbeitern konnte die NSDAP Einbrüche erzielen – weniger bei der klassischen Industriearbeiterschaft als bei den in der Landwirtschaft, im Handwerk und in mittelständischen Betrieben Beschäftigten. Arbeitslose Arbeiter gaben ihre Stimme eher der KPD Ernst Thälmanns als der Partei Adolf Hitlers.

Entgegen einem verbreiteten Vorurteil votierten Frauen nicht überdurchschnittlich für Hitler, und auch der Anteil der Jungwähler fiel für dessen Wahlerfolge nicht entscheidend ins Gewicht. Insgesamt entsprach die NSDAP, wie Jürgen W. Falter («Hitlers Wähler», 1991) nachgewiesen hat, mehr dem Profil einer Volkspartei als ihre politischen Mitbewerber. In ihr sammelte sich der Protest aus allen Bevölkerungsschichten.

33. Inwieweit hat die Großindustrie Hitler unterstützt? Bereits 1926/27, in den Jahren der Stagnation der NSDAP, begann Hitler um die Unterstützung der Großwirtschaft zu werben. Mehrmals trat er in Essen vor Vertretern der Ruhrindustrie auf. Er präsentierte sich als relativ gemäßigt, vermied heftige Ausfälle gegen die Juden und versprach das Privateigentum zu schützen. In seinen Reden riss er sein Publikum mit, aber nachhaltigen Eindruck hinterließ er noch nicht. Die meisten führenden Ruhrindustriellen hielten sich deutlich auf Distanz zur NSDAP, die damals über den Status einer kleinen Partei am rechten Rand noch nicht hinausgelangt war. Der einzige namhafte Sympathisant war Emil Kirdorf, der bereits 80-jährige Patriarch der rheinisch-westfälische Schwerindustrie und langjährige Generaldirektor der Gelsenkirchener Bergwerks AG. Er trat im April 1927 der NSDAP bei, allerdings ein Jahr später, verärgert über die antikapitalistische Agitation der NSDAP im Ruhrgebiet, wieder aus. Hitler blieb er persönlich verbunden.

Interessanter wurde die Hitler-Bewegung für die Unternehmer erst nach deren Durchbruch 1930. Fritz Thyssen, der Aufsichtsratsvorsitzende der Vereinigten Stahlwerke, des bedeutendsten europäischen Stahlunternehmens, gewährte der NSDAP einen Kredit in Höhe von 300 000 Reichsmark, damit sie das Palais Barlow in der Brienner Straße, seit März 1931 Sitz der Parteizentrale, erwerben konnte. Außerdem griff er führenden Nationalsozialisten, vor allem Hermann Göring, finanziell unter die Arme. Hitler persönlich war auf solche Zuwendungen nicht angewiesen, nachdem seine Einkünfte aus den Tantiemen von «Mein Kampf» Anfang der dreißiger Jahre sprunghaft anstiegen.

Zu den Vertretern der Wirtschaftselite, die sich seit 1930 für eine Machtbeteiligung der NSDAP erwärmen konnten, zählten auch Hjalmar Schacht, der ehemalige Reichsbankpräsident, und Emil Georg von Stauß, der Generaldirektor der Deutschen Bank. Im Januar 1931 fand eine erste Begegnung von Schacht, Stauß und Thyssen mit Hitler in Görings Berliner Wohnung statt. Doch die Mehrzahl der Wirtschaftsführer verhielt sich auch jetzt noch der NSDAP gegenüber abwartend, nicht zuletzt aus Unsicherheit darüber, was das wirtschaftliche Programm der Partei betraf. Der Durchbruch des Nationalsozialismus zur Massenbewegung ging nicht in erster Linie auf die Förderung durch die Großindustrie zurück. Die NSDAP bestritt den größten Teil ihrer Wahlkämpfe aus eigenen Mitteln – Mitgliederbeiträgen, Eintrittsgeldern bei Versammlungen, kleinen privaten Spenden. Allerdings hatte die Unternehmerschaft mit ihrer oft hemmungslosen Polemik gegen Gewerkschaften und Sozialstaat durchaus zur Delegitimierung der Weimarer Republik und zum Erfolg der radikalen Rechten beigetragen.

Am 26. Januar 1932 sprach Hitler vor dem Industrie-Club in Düsseldorf, dem Treffpunkt der rheinisch-westfälischen Wirtschaftselite. An diesem Tag sei «das Eis gebrochen» und «der Durchbruch bei den westdeutschen Industriekapitänen» gelungen, behauptete Hitlers Pressechef Otto Dietrich in seinem 1933 erschienenen Buch «Mit Hitler an die Macht». Diese Erzählung, die in die ältere Literatur über das Verhältnis zwischen Nationalsozialismus und Großindustrie Eingang fand, hat der amerikanische Historiker Henry A. Turner («Die Großunternehmer und der Aufstieg Hitlers», 1986) überzeugend widerlegt. Dem Treffen in Düsseldorf waren einige prominente Vertreter der Großindustrie ostentativ ferngeblieben, allen voran Gustav Krupp von Bohlen und Halbach, der Vorsitzende des Reichsverbandes der Deutschen Industrie, Paul Reusch, der Vorstandsvorsitzende der Gutehoffnungshütte, und Carl Duisberg, der Gründer der I. G. Farbenindustrie AG.

Auch die Eingabe, die Vertreter von Industrie, Banken und Großlandwirtschaft am 19. November 1932 an Reichspräsident Hindenburg richteten mit der Bitte, Hitler zum Reichskanzler zu ernennen, fand im Unternehmerlager nicht die erwartete breite Unterstützung. Nach dem 30. Januar 1933 sollten aber auch die Großindustriellen, die sich zuvor noch reserviert gezeigt hatten, rasch umschwenken und sich den neuen Herren bereitwillig zur Verfügung stellen.

34. Hätte Hitler von der Macht ferngehalten werden können? Hitlers Weg zur Macht war kein ununterbrochener triumphaler Siegeszug, zu dem ihn die nationalsozialistische Propaganda nachträglich stilisierte, sondern eine Hängepartie, die auch anders hätte ausgehen können. Die beste Gelegenheit, den Münchner Demagogen ein für alle Mal von der politischen Bühne zu entfernen, bot sich zweifellos nach dem gescheiterten Putsch vom November 1923. Hätte Hitler die volle Strafe von fünf Jahren absitzen müssen, wäre es sehr zweifelhaft gewesen, ob er noch einmal eine zweite Karriere hätte starten können. Stattdessen kam er, dank der Nachsicht der bayerischen Behörden, schon nach einem Dreivierteljahr wieder frei und konnte ungehindert sein politisches Comeback in Szene setzen.

Einen wichtigen Meilenstein bei Hitlers zweitem Griff zur Macht stellte die Entlassung des Zentrumskanzlers Heinrich Brüning Ende Mai 1932 dar, die Reichspräsident Hindenburg ohne Not auf Drängen seiner hochkonservativen Standesgenossen, der ostelbischen Rittergutsbesitzer, vorgenommen hatte. Wäre Brüning im Amt geblieben, hätte der Staatsstreich seines Nachfolgers Franz von Papen vom 20. Juli 1932 gegen das immer noch von einer Koalition aus SPD, Zentrum und Deutscher Staatspartei regierte Preußen – das «republikanische Bollwerk» – nicht stattgefunden. Dann wären auch erst am Ende der Legislaturperiode im September 1934 Neuwahlen zum Reichstag fällig gewesen – zu einem Zeitpunkt, an dem sich die wirtschaftliche Lage aller Voraussicht nach gebessert und die NSDAP an Attraktivität eingebüßt haben würde. Stattdessen konnte Hitler in Verhandlungen mit Papen die vorzeitige Auflösung des Reichstags durchsetzen und mit der Wahl vom 30. Juli 1932, in der die NSDAP zur stärksten Partei wurde, seinen Anspruch auf die Kanzlerschaft unterstreichen.

Selbst Ende Januar 1933 war die Übertragung der Macht auf Hitler nicht alternativlos. Er hätte immer noch in letzter Minute gestoppt werden können, wenn Hindenburg dem Nachfolger Papens, General Kurt von Schleicher, erlaubt hätte, den Reichstag aufzulösen und die Neuwahl über die verfassungsmäßige Frist von 60 Tagen hinaus zu verschieben. Diese Lösung wäre vermutlich auf eine verschleierte Militärdiktatur hinausgelaufen. Ob Hitler unter diesen Umständen gewagt hätte, die SA zum Gegenschlag zu mobilisieren und womöglich in einen bewaffneten Konflikt mit der Reichswehr zu verwickeln, erscheint fraglich.

35. Welche Faktoren gaben letztlich den Ausschlag für Hitlers Ernennung zum Reichskanzler? In der Reichstagswahl vom 6. November 1932 verlor die NSDAP über zwei Millionen Stimmen. Ihr Anteil ging um 4,2 Prozentpunkte auf 33,1 Prozent zurück – eine Quittung dafür, dass Hitler am 13. August 1932 Hindenburgs Angebot, als Vizekanzler in Papens Kabinett einzutreten, abgelehnt und stattdessen für sich die Führung der Regierung verlangt hatte. Das hatte Hindenburg abgelehnt. Einen Monat nach der Wahl, am 8. Dezember 1932, trat Gregor Straßer, der Reichsorganisationsleiter und wichtigste Mann nach Hitler, von allen Parteiämtern zurück, weil er Hitlers Strategie des «Alles oder nichts» nicht mehr mittragen wollte. Die NSDAP geriet in eine schwere Krise. Die meisten Beobachter waren an der Jahreswende 1932/33 davon überzeugt, dass die Hitler-Bewegung ihren Höhepunkt überschritten und ihr unaufhaltsamer Niedergang eingesetzt habe. Überdies zeigten sich Ende 1932 erste Anzeichen einer konjunkturellen Erholung; die Talsohle der Wirtschaftskrise schien durchschritten, vorsichtiger Optimismus machte sich breit.

Nur vier Wochen später trat ein, womit kaum noch jemand gerechnet hatte: Hitler wurde zum Reichskanzler ernannt. Diese überraschende Wende war das Ergebnis eines finsteren Komplotts hinter den Kulissen, bei dem nur wenige Akteure, allen voran Franz von Papen, die Strippen zogen. Der ehemalige Reichskanzler wollte sich an Reichswehrminister Kurt von Schleicher rächen, der ihn Anfang Dezember 1932 aus dem Amt gedrängt hatte. Am 4. Januar 1933 traf sich Papen mit Hitler im Haus des Kölner Bankiers Kurt von Schröder, um einen Fahrplan für den Sturz Schleichers und die Installierung eines «Kabinetts der nationalen Konzentration» zu verabreden. Bei der Landtagswahl in Lippe-Detmold am 15. Januar 1933 konnte die NSDAP nach dem Rückschlag vom November 1932 wieder einen Erfolg erringen. Das stärkte Hitlers Verhandlungsposition. Allerdings musste noch eine Reihe schwieriger Geheimgespräche geführt werden, bevor man sich einig wurde. Nachdem auch der Vorsitzende der Deutschnationalen Volkspartei (DNVP), Alfred Hugenberg, seine Beteiligung am Kabinett zugesagt hatte, galt es zuletzt, den Wider-

Berlin, 30. Januar 1933: Der frischernannte Reichskanzler Adolf Hitler zeigt sich am Fenster der Reichskanzlei seinen Anhängern.

stand Hindenburgs gegen die Ernennung des «böhmischen Gefreiten» Hitler zu überwinden. Papen, der das Ohr des greisen Reichspräsidenten besaß, gelang es schließlich, Hindenburgs Zustimmung zu einer Kanzlerschaft Hitlers zu erlangen; er selbst gab sich mit dem Posten eines Vizekanzlers zufrieden. Hugenberg wurde ein Doppelressort – das Wirtschafts- und Landwirtschaftsministerium – versprochen.

Eine wichtige Rolle im Intrigenspiel gegen Schleicher spielten am Ende auch die ostelbischen Großgrundbesitzer. Dank des Einflusses, den sie über den Reichslandbund, die mächtige Lobbyorganisation, auf Hindenburg ausübten, konnten sie dem Drängen auf eine Übertragung der Kanzlerschaft auf Hitler Nachdruck verleihen.

36. Wie reagierte die Öffentlichkeit auf den 30. Januar 1933? In seiner 1939 im englischen Exil geschriebenen «Geschichte eines Deutschen» erinnerte sich der Publizist Sebastian Haffner an den «eisigen Schreck», der ihn sechs Jahre zuvor als Referendar am Berliner Kammergericht bei der Nachricht von Hitlers Ernennung zum Reichskanzler befallen hatte. Doch am Abend des 30. Januar 1933 habe er mit seinem Vater, einem liberalen Reformpädagogen, die Aussichten der neuen Regierung diskutiert, und man sei sich rasch einig geworden, dass sie wohl einiges Unheil anrichten könne, aber nicht lange im Amt bleiben werde: «Nein, alles in allem genommen, war diese Regierung kein Grund zur Beunruhigung.»

Diese Reaktion war nicht untypisch für die Haltung vieler Zeitgenossen. Zweimal hatten die Kanzler der Präsidialkabinette im Laufe des Jahres 1932 gewechselt – auf Heinrich Brüning war Anfang Juni Franz von Papen gefolgt, und auf diesen Anfang Dezember Kurt von Schleicher. Warum sollte auch die neue Regierung mehr sein als eine bloße Episode? Kaum jemand ahnte, was die Ernennung Hitlers tatsächlich bedeutete: einen dramatischen Wendepunkt nicht nur der deutschen, sondern der europäischen, ja der Weltgeschichte.

Es wird schon nicht so schlimm kommen – das war auch der Tenor der großen liberalen Blätter. Theodor Wolff, der Chefredakteur des «Berliner Tageblatts», prophezeite in seinem Leitartikel vom 31. Januar, die neue Regierung werde wohl nichts unversucht lassen, «um die Gegner einzuschüchtern und mundtot zu machen». Doch auch die Phantasie des sonst so hellsichtigen Journalisten reichte nicht aus, um sich auch nur einen halbwegs zutreffenden Begriff von den Möglichkeiten eines totalitären Regimes zu machen. Im deutschen Volk, das immer stolz gewesen sei auf «die Freiheit des Denkens und Wortes», werde sich Widerstand regen und allen Diktaturgelüsten Schranken setzen.

In der «Frankfurter Zeitung» äußerte der für die Innenpolitik zuständige Redakteur Benno Reifenberg Zweifel an der «menschlichen Qualifikation» Hitlers für das Amt des Reichskanzlers, schloss aber nicht aus, dass er sich mit der Verantwortung wandeln und Respekt verschaffen könne. Wie Theodor Wolff bezeichnete es Reifenberg als «eine hoffnungslose Verkennung unserer Nation, zu glauben, man könne ihr ein diktatorisches Regime aufzwingen»: «Die Vielfältigkeit des deutschen Volkes verlangt die Demokratie.»

Weniger zuversichtlich zeigte sich der Chefredakteur Julius Elbau in der «Vossischen Zeitung»: «Die Zeichen stehen auf Sturm», hieß es in einem ersten Kommentar. Zwar habe sich Hitler mit seinem Anspruch auf den ausschließlichen Besitz der Macht nicht durchsetzen können: «Es ist kein Kabinett Hitler, sondern eine Regierung Hitler/Papen/Hugenberg.» Aber bei allen inneren Gegensätzen sei sich dieses Triumvirat einig darin, «den völligen Bruch mit dem Bisherigen zu vollziehen». Angesichts dieser Aussicht warnte die Zeitung: «Ein gefährliches Experiment, das man nur mit tiefer Sorge und schärfstem Mißtrauen begleiten kann.»

Besorgt zeigten sich auch die Sozialdemokraten. In einem Aufruf vom 30. Januar hielten Parteivorstand und Reichstagsfraktion der SPD ihre Anhänger dazu an, den «Kampf auf dem Boden der Verfassung» zu führen. Jeder Versuch der neuen Regierung, die Verfassung zu verletzen, werde «auf den äußersten Widerstand der Arbeiterklasse und aller freiheitlich gesinnten Volkskreise stoßen». Dabei übersah die SPD-Führung, dass die demokratische Verfassung von Weimar unter den vorangegangenen Präsidialregierungen schon ausgehöhlt worden war und Hitler nicht zögern würde, die letzten Reste zu zerstören.

Einer Fehleinschätzung unterlag auch die KPD, als sie zum «Generalstreik gegen die faschistische Diktatur der Hitler, Hugenberg, Papen» aufrief. Denn zum einen war das am 30. Januar 1933 gebildete «Kabinett der nationalen Konzentration» noch nicht gleichzusetzen mit einer offenen Rechtsdiktatur; zum anderen gab es angesichts von sechs Millionen Arbeitslosen unter den Beschäftigten wenig Neigung, in den Ausstand zu treten. Der Appell, eine gemeinsame Abwehrfront zu bilden, stieß bei den Sozialdemokraten auf wenig Gegenliebe, konnten sie doch nicht so schnell vergessen, dass die Kommunisten sie noch kurz zuvor als «Sozialfaschisten» diffamiert hatten.

Den Gewerkschaften lag der Gedanke an außerparlamentarische Aktionen ebenfalls fern. «Organisation, nicht Demonstration: das ist die Parole der Stunde!», verkündete der Vorsitzende des Allgemeinen Deutschen Gewerkschaftsbundes, Theodor Leipart, am 31. Januar. Für die Repräsentanten der sozialdemokratischen Arbeiterbewegung war Hitler ein Handlanger der alten sozialreaktionären Machteliten aus ostelbischem Grundbesitz und rheinisch-westfälischer Schwerindustrie. Nicht er, sondern Papen und der «Wirtschaftsdiktator» Hugenberg würden die künftige Politik bestimmen und den braunen Messias bald entzaubern.

Anfang Februar 1933 bezeichnete der SPD-Abgeordnete Kurt Schumacher den NSDAP-Führer als bloßes «Dekorationsstück»:

«Das Kabinett heißt Adolf Hitler, aber das Kabinett ist Alfred Hugenberg. Adolf Hitler darf reden, Alfred Hugenberg wird handeln.» Grotesker konnte man die von Hitler ausgehende Gefahr nicht verkennen. Die meisten führenden Sozialdemokraten und Gewerkschafter waren im Kaiserreich groß geworden. Sie konnten sich allenfalls eine Repression in Gestalt des Bismarck'schen Sozialistengesetzes vorstellen, nicht aber, dass die neue Regierung mit der völligen Zerstörung der Arbeiterbewegung Ernst machen würde.

Dass mit Hitler ein fanatischer Antisemit an die Macht gekommen war, hätte die in Deutschland lebenden Juden am stärksten beunruhigen müssen. Das war aber keineswegs der Fall. «Im übrigen gilt heute ganz besonders die Parole: Ruhig abwarten!» So schloss der Vorstand des Centralvereins deutscher Staatsbürger jüdischen Glaubens seine Erklärung vom 30. Januar. Zwar begegne man der neuen Regierung «selbstverständlich mit größtem Mißtrauen», doch sehe man in Reichspräsident Hindenburg «den ruhenden Pol». An dessen «Gerechtigkeitssinn» und «Verfassungstreue» habe man keine Zweifel. So sei man überzeugt, dass «niemand es wagen» werde, «unsere verfassungsmäßigen Rechte anzutasten». In einem Leitartikel in der «Jüdischen Rundschau» vom 31. Januar wurde überdies die Erwartung ausgesprochen, «daß auch im deutschen Volk die Kräfte noch wach sind, die sich gegen eine barbarische antijüdische Politik wenden würden». Es sollte nur wenige Wochen dauern, bis sich alle diese Annahmen als trügerisch erwiesen.

V. Der Diktator

37. Warum misslang der Versuch der Konservativen, Hitler zu zähmen? «Was wollen Sie denn?», hielt Vizekanzler Papen, der eigentliche Architekt des Bündnisses vom 30. Januar 1933, Kritikern entgegen. «Ich habe das Vertrauen Hindenburgs. In zwei Monaten haben wir Hitler in die Ecke gedrückt, daß er quietscht.» Fahrlässiger konnte Hitlers Machtwille nicht unterschätzt werden. Papen, Hugenberg und ihr Anhang wiegten sich in der Sicherheit, den NSDAP-Führer so «eingerahmt» zu haben, dass man ihn in seinen Ambitionen zügeln und die Dynamik seiner Bewegung kontrollieren konnte.

Im «Kabinett der nationalen Konzentration» besaßen die neun konservativen Minister ein deutliches Übergewicht über die drei Nationalsozialisten. Doch Hitler hatte dafür gesorgt, dass zwei Schlüsselressorts mit seinen Männern besetzt wurden: Das Reichsinnenministerium übernahm Wilhelm Frick; Hermann Göring, Minister ohne Geschäftsbereich, bekam das preußische Innenministerium und erhielt damit Zugriff auf die Polizei im größten deutschen Staat – eine wichtige Voraussetzung für die Errichtung der NS-Diktatur. Im März 1933 setzte Hitler darüber hinaus die Schaffung eines Reichsministeriums für Volksaufklärung und Propaganda durch, mit dessen Leitung der Gauleiter von Berlin, Joseph Goebbels, betraut wurde. In dem neuen Ministerium besaßen die Nationalsozialisten ein äußerst wirkungsvolles Instrument zur Beeinflussung und Manipulierung der Öffentlichkeit.

Sehr rasch zeigte sich, dass das Projekt der Konservativen, Hitler zu zähmen und die nationalsozialistische Massenbewegung für die eigenen sozialreaktionären Zwecke zu instrumentalisieren, auf Sand gebaut war. Was machttaktische Gerissenheit, kombiniert mit robuster Durchsetzungsfähigkeit, anging, war der neue Reichskanzler seinen Mit- und Gegenspielern im Kabinett klar überlegen. Er brauchte nur wenige Monate, um sie an die Wand zu spielen, Papen aus der Vorzugsstellung bei Hindenburg zu verdrängen und Hugenberg, die vermeintlich stärkste Figur im Kabinett, zum Rücktritt zu zwingen. «Wir haben uns von den Möglichkeiten der Mehrheit in einer Präsidialregierung ein vollkommen falsches Bild gemacht», musste sich der DNVP-Vorsitzende im Mai 1933 eingestehen.

38. Waren die Nationalsozialisten die Urheber des Reichstagsbrandes? Am Abend des 27. Februar 1933 hielt sich Hitler in der Wohnung der Familie Goebbels in Berlin auf. Gegen 22 Uhr meldete sich der Auslandspressechef Ernst Hanfstaengl am Telefon und berichtete, dass das Reichstagsgebäude in Flammen stünde. Glaubt man der Tagebucheintragung von Joseph Goebbels, dann wurde die NS-Führung von der Nachricht überrascht: «Da Anruf Hanfstaengl: der Reichstag brennt; tolle Phantasie. Aber es stimmt.» Umgehend begab sich Hitler zum Schauplatz des Ereignisses. Er zögerte keinen Augenblick, die Kommunisten für den Anschlag verantwortlich zu machen und ihn als Auftakt für einen schon lange geplanten Umsturzversuch hinzustellen. Noch in der Nacht wurden führende Funktionäre der KPD und fast alle ihre Reichstagsabgeordneten verhaftet.

Am Vormittag des 28. Februar verabschiedete das Kabinett eine «Verordnung zum Schutz von Volk und Staat», mit der die wichtigsten Grundrechte – wie die Rede-, Presse-, Vereins- und Versammlungsfreiheit, das Post- und Telefongeheimnis sowie die Unverletzlichkeit der Wohnung – außer Kraft gesetzt wurden. Die Reichstagsbrandverordnung war das grundlegende Ausnahmegesetz, das bis zum Ende der NS-Diktatur gültig blieb.

An der Frage nach der Urheberschaft des Reichstagsbrands hat sich eine jahrzehntelange, bis heute anhaltende Kontroverse entzündet. Da das Ereignis den Nationalsozialisten außerordentlich gelegen kam, wurde schon früh der Verdacht geäußert, dass sie selbst den Brand gelegt hätten. Absolut sichere Beweise haben sich dafür aber bislang nicht finden lassen. So spricht immer noch einiges für die zuerst von Fritz Tobias Anfang der sechziger Jahre vorgetragene These, dass der noch am Tatort verhaftete holländische Rätekommunist Marinus van der Lubbe den Brand gelegt hatte, ohne von Hintermännern dazu angestiftet worden zu sein. Er wurde nach einem Schauprozess am 23. Dezember 1933 zum Tode verurteilt und im Januar 1934 hingerichtet. Vermutlich wird sich die Verantwortung für den Reichstagsbrand niemals restlos aufklären lassen. Wichtiger als diese Frage ist ohnehin, wer den Nutzen daraus zog, und das waren Hitler und seine Gefolgsleute.

39. Wodurch gelang es Hitler, Reichspräsident Hindenburg für sich einzunehmen? Bei der Berufung des «Kabinetts der nationalen

Der «Tag von Potsdam», 21. März 1933. Hitler verneigt sich vor Reichspräsident Paul von Hindenburg.

Konzentration» am 30. Januar 1933 hatte der Reichspräsident noch deutliche Reserven gegenüber dem neuen Reichskanzler erkennen lassen. Das drückte sich unter anderem darin aus, dass dieser ihm zunächst nur in Begleitung des Vizekanzlers Papen Vortrag halten durfte. In den ersten Wochen seiner Kanzlerschaft legte Hitler daher besonderen Wert darauf, durch scheinbares Wohlverhalten das Vertrauen Hindenburgs zu erwerben. Der Verstellungskünstler spielte die Rolle des höflichen, lernfähigen Politikers, der uneigennützig seine schwere Pflicht im Dienst des deutschen Volkes erfüllte, so perfekt, dass Hindenburg schon bald mit Gunstbeweisen für seinen neuen Kanzler nicht sparte und ihn gegen Kritik in Schutz nahm. Als der BVP-Vorsitzende und bayerische Finanzminister, Fritz Schäffer, den Reichspräsidenten am 17. Februar 1933 warnte, Hitler wolle sich «mit Gewalt in den Besitz der gesamten Macht setzen», erhielt er zur Antwort: «Er, der Herr Reichspräsident, habe Herrn Hitler – nach anfänglichem Zögern – als einen Mann von ehrlichstem nationalen Wollen kennengelernt und sei nun froh, daß der Führer dieser großen Bewegung mit ihm und anderen Gruppen der Rechten zusammenarbeite.»

Im persönlichen Verhältnis zwischen Hindenburg und Hitler markierte der «Tag von Potsdam» am 21. März 1933 den endgültigen Durchbruch. Die Zeremonie in der Garnisonkirche, deren Regie der frisch ernannte Propagandaminister Goebbels ersonnen hatte, sollte den Brückenschlag zwischen Preußentum und Nationalsozialismus symbolpolitisch beglaubigen. Hitlers Rede war geschickt auf die Gefühlslage Hindenburgs abgestellt. Er lobte ihn nicht nur für seinen «großherzigen Entschluß», dem «jungen Deutschland» am 30. Januar «die Führung des Reiches» anvertraut zu haben, sondern strich auch seine militärischen Leistungen als Feldmarschall im Ersten Weltkrieg heraus. «Der Reichspräsident konnte seine Rührung kaum unterdrücken, Tränen traten ihm in die Augen», bemerkte Hamburgs Bürgermeister Carl Vincent Krogmann. Am Ende reichten sich Hindenburg und Hitler die Hände – die Vermählung des «alten» mit dem «neuen» Deutschland schien damit besiegelt. Auf Zeitgenossen machte die Szene den größten Eindruck: «Der Gefreite neigt sich tief über die Hand des Feldmarschalls (...) Niemand kann sich der Erschütterung entziehen», notierte ein Beobachter.

40. Was bedeutete das Ermächtigungsgesetz? Am 23. März 1933 nahm der in der Berliner Krolloper tagende Reichstag mit erforderlicher Zweidrittelmehrheit das «Gesetz zur Behebung der Not von Volk und Staat» an. Es ermächtigte die Reichsregierung, Reichsgesetze «außer in dem von der Reichsverfassung vorgesehenen Verfahren» zu beschließen (Art. 1). Diese Gesetze durften «von der Reichsverfassung abweichen» (Art. 2). Der Reichskanzler konnte anstelle des Reichspräsidenten die Gesetze ausfertigen und im Gesetzblatt verkünden (Art. 3). Außerdem erhielt die Reichsregierung das Recht, Verträge mit fremden Staaten ohne Zustimmung der an der Gesetzgebung beteiligten Körperschaften abzuschließen (Art. 4).

Außer den Nationalsozialisten und den Deutschnationalen stimmten auch die Fraktionen des Zentrums, der Bayerischen Volkspartei, der Deutschen Volkspartei, der Deutschen Staatspartei und des Christlichen Volksdienstes der Vorlage zu. Dagegen stimmten nur 94 Abgeordnete der SPD – die Abgeordneten der KPD waren bereits verhaftet worden oder befanden sich auf der Flucht. In einer mutigen Rede bekannte sich der SPD-Parteivorsitzende Otto Wels zu den Grundsätzen der Demokratie und des Rechtsstaates: «Kein Ermächtigungsgesetz gibt Ihnen die Macht, Ideen, die ewig und unzerstörbar sind, zu vernichten.»

Mit dem Ermächtigungsgesetz machte sich Hitler nicht nur unabhängig vom Reichstag, der in der Folge zu einem bloßen Akklamationsorgan verkam, sondern faktisch auch vom Notverordnungsrecht des Reichspräsidenten, obwohl es in Artikel 2 hieß, dass dessen Rechte «unberührt» bleiben sollten. Damit war auch die Stellung von Hitlers konservativen Bündnispartnern entscheidend geschwächt, deren wichtigster Rückhalt die von Hindenburg ausgeübte Präsidialgewalt gewesen war.

Das Gesetz, das am 24. März 1933 in Kraft trat, war auf vier Jahre befristet (Art. 5). Doch wurde es zweimal verlängert und blieb bis zum Ende des NS-Regimes Grundlage der Gesetzgebung.

41. War das, was sich in der ersten Jahreshälfte 1933 in Deutschland vollzog, eine Revolution? Hitler brauchte nur fünf Monate, um seine Diktatur zu etablieren. Bis zum Sommer 1933 waren Grundrechte und Verfassung außer Kraft gesetzt, die Länder gleichgeschaltet, die Gewerkschaften zerschlagen, die Parteien bis auf die NSDAP verboten oder aufgelöst, Presse und Rundfunk auf Linie gebracht, die rechtliche Gleichstellung der Juden beseitigt. Frappierend war nicht nur die Schnelligkeit, sondern auch die Leichtigkeit, mit der sich die Umwälzung vollzog. «Alles, was in Deutschland außerhalb der nationalsozialistischen Partei existierte», sei «zerstört, zerstreut, aufgelöst, angegliedert oder aufgesaugt», zog der französische Botschafter in Berlin, André François-Poncet, Anfang Juli 1933 Bilanz. Hitler habe die Partie mit geringem Aufwand gewonnen: «Er mußte nur pusten – das Gebäude der deutschen Politik stürzte zusammen wie ein Kartenhaus.»

Nicht wenige Zeitgenossen sprachen angesichts der Dynamik der Veränderungen von einer «nationalen Revolution». Und auch in der NS-Führung nahm man dieses Wort mit großer Selbstverständlichkeit in den Mund. Die Historiker haben dagegen immer eine gewisse Zurückhaltung geübt, das, was sich zwischen Februar und Juli 1933 in Deutschland ereignete, eine Revolution zu nennen. Denn darunter wird in der Regel nicht nur eine politische, sondern auch eine grundlegende gesellschaftliche Umwälzung verstanden, bei der ein Austausch der Eliten stattfindet. Kennzeichnend für den Prozess der

Machteroberung 1933 war dagegen gerade das Bündnis der traditionellen Eliten in Armee, Großlandwirtschaft, Großindustrie und Bürokratie mit der NS-Massenbewegung und ihrem charismatischen Führer.

Seit den transatlantischen Revolutionen, der amerikanischen von 1776 und der französischen von 1789, war «Revolution» überdies positiv konnotiert im Sinne einer Entwicklung zu mehr Freiheit, Gerechtigkeit und Humanität. Davon aber konnte unter der Hitler-Regierung von Anfang an keine Rede sein. Vielmehr trat bereits in den ersten Monaten ihrer Existenz ihr zutiefst inhumaner, allen Prinzipien von Demokratie, Rechtsstaatlichkeit und Moral zuwiderlaufender Charakter deutlich zutage. Im Hinblick auf die Absicht des NS-Regimes, das ganze Volk seinem Herrschaftsanspruch zu unterwerfen und auf sein rassenideologisches Programm auszurichten, hat der Bielefelder Historiker Hans-Ulrich Wehler vorgeschlagen, von einem neuen Typus politisch-gesellschaftlicher Transformation, von einer «totalitären Revolution», zu sprechen («Deutsche Gesellschaftsgeschichte», Bd. IV, 2003) . Dieser Begriff erscheint noch am ehesten geeignet, den spezifischen Charakter der Umwälzung von 1933 zu erfassen.

42. Welchen Anteil hatte Hitler am nationalsozialistischen «Wirtschaftswunder»? In der NS-Führung war man sich bewusst, dass die Stabilität des Regimes nicht zuletzt davon abhing, inwieweit es gelang, das Versprechen auf eine rasche Überwindung der Massenarbeitslosigkeit einzulösen. Bereits in seiner Rundfunkansprache vom 1. Februar 1933 kündigte Hitler einen «gewaltigen und umfassenden Angriff gegen die Arbeitslosigkeit» an; innerhalb von vier Jahren müsse sie «endgültig überwunden» werden. Ihm kam dabei zu Hilfe, dass zum Zeitpunkt seines Machtantritts die wirtschaftliche Erholung bereits eingesetzt hatte und die Maßnahmen zur Arbeitsbeschaffung, die noch von den Vorgängerregierungen Papen und Schleicher verabschiedet worden waren, zu wirken begannen. Darüber hinaus ergriff das Regime weitere Maßnahmen zur Belebung der Konjunktur und zur Entlastung des Arbeitsmarktes. Unter anderem wurde ein Ehestandsdarlehen eingeführt, das jungen Paaren ein zinsfreies Darlehen bis zu 1000 Reichsmark gewährte – allerdings unter der Bedingung, dass die Frau ihre Beschäftigung aufgab.

Hitler hatte wirtschaftlichen Sachverstand genug, um zu begreifen, dass es mit populistischer Rhetorik nicht getan war, sondern dass Anreize geschaffen werden mussten, um einen sich selbst tragenden Aufschwung zu stimulieren. Dazu gehörte der Bau von Autobahnen. Am 22. Juni 1933 trat das Gesetz über die Errichtung eines Unternehmens «Reichsautobahn» in Kraft; drei Tage später wurde der Münchner Straßenbauingenieur Fritz Todt zum Generalinspektor für das deutsche Straßenwesen bestellt. Am 23. September 1933 führte Hitler auf dem Bauabschnitt Frankfurt–Darmstadt den ersten Spatenstich aus. In der NS-Propaganda wurde das Bild des zupackenden «Führers» beschworen, der den «Sieg in der Arbeitsschlacht» zu seiner Sache machte.

Allerdings gingen die stärksten Impulse für die Ankurbelung der Konjunktur und die Schaffung neuer Arbeitsplätze nicht vom Autobahnbau aus, sondern von der forcierten Aufrüstung, die Hitler gleich nach seiner Ernennung zum Reichskanzler in Angriff nahm. Um die enormen Kosten für die Rüstungsaufträge zu finanzieren, erdachte Hjalmar Schacht, den Hitler Mitte März 1933 zum neuen Reichsbankpräsidenten ernannte, ein trickreiches System der Kreditschöpfung. Im Sommer 1933 gründeten vier große Industrieunternehmen und Rüstungsproduzenten (Gutehoffnungshütte, Krupp, Rheinstahl und Siemens) eine Scheinfirma unter dem Namen Metallurgische Forschungsgesellschaft (Mefo), die Wechsel an die Rüstungsproduzenten ausgab, die vom Staat garantiert und von der Reichsbank diskontiert wurden. Im großen Stil wurden diese Mefo-Wechsel, dem Tempo der Aufrüstung entsprechend, seit April 1934 ausgegeben.

Damit wurde eine Rüstungskonjunktur auf Pump angefacht, die langfristig zu einer massiven Staatsverschuldung führen musste. Kurzfristig aber erzielten die Maßnahmen die gewünschte Wirkung. Bis 1936 wurde die Vollbeschäftigung erreicht – schneller als in allen anderen von der Weltwirtschaftskrise betroffenen Staaten. Vielen Deutschen erschien das als eine ganz außergewöhnliche Leistung, und sie wurde vor allem Hitler gutgeschrieben, dessen Nimbus als Wundertäter dadurch noch einmal kräftige Nahrung erhielt.

43. Wie kam es zum Schlag gegen die SA-Führung Ende Juni 1934? Nach Abschluss der ersten Phase der «Machtergreifung» im

Sommer 1933 sah sich die SA ihrer wichtigsten Aufgabe beraubt, als verlängerter Arm der NSDAP die politischen Gegner zu terrorisieren und auszuschalten. In den Reihen der «alten Kämpfer» machte sich Unzufriedenheit breit. Viele hatten gehofft, dass sich mit der Übernahme der Macht auch ihre Situation schlagartig verbessern würde, und fühlten sich nun von den «Parteibonzen» und der mit ihnen verbündeten «Reaktion» um die Früchte des Sieges betrogen. SA-Stabschef Ernst Röhm griff diese Stimmungen auf. Er wollte seiner Organisation, die bis Sommer 1934 auf viereinhalb Millionen Mitglieder anwuchs, eine herausgehobene Rolle im «Dritten Reich» sichern. Was ihm vorschwebte, war, die SA in ein Milizheer umzuwandeln und der Reichswehr das Waffenmonopol streitig zu machen. Damit forderte er nicht nur die Reichswehrführung heraus, sondern auch Hitler, der das bereits Anfang Februar 1933 geschmiedete Bündnis mit der Generalität in Frage gestellt sah.

Bei einem Treffen zwischen den Spitzen der Reichswehr und den SA-Führern am 28. Februar 1934 erteilte Hitler den Milizplänen Röhms eine klare Absage. Die Reichswehr sollte auch künftig «einziger Waffenträger der Nation» sein und auf der Grundlage der allgemeinen Wehrpflicht ausgebaut werden. Röhm fügte sich nur zum Schein. Der Konflikt schwelte weiter. Anfang Juni 1934 nahm Hitler Röhm das Versprechen ab, die SA für den Monat Juli in Urlaub zu schicken und sich selbst zu einer Kur nach Bad Wiessee am Tegernsee zu begeben.

In der zweiten Junihälfte spitzte sich die Situation dramatisch zu. Der Anstoß ging nicht von der SA, sondern von Papen aus. Um den Vizekanzler hatte sich eine Gruppe junger Konservativer versammelt, die in den Spannungen innerhalb der NS-Bewegung eine Chance sah, den totalen Machtanspruch Hitlers zu begrenzen und die Entwicklung des Regimes in die gemäßigte Bahn einer monarchischen Restauration zu lenken. Am 17. Juni 1934 hielt Papen an der Universität Marburg einen Vortrag, in dem er offen Kritik am Personenkult um Hitler und am ungezügelten Radikalismus des Regimes übte.

Damit spielte er Hitler die Gelegenheit zu, den Machtkampf mit einem Doppelschlag zu seinen Gunsten zu entscheiden – gegen die SA-Führung auf der einen und gegen die «Reaktion» um Papen auf der anderen Seite. Um die Aktion nicht nur vor den eigenen Anhängern, sondern auch vor der Öffentlichkeit zu rechtfertigen, ließ er SD und Gestapo ein trübes Gemisch aus Gerüchten und Falschmeldungen fabrizieren, das den Beweis eines unmittelbar drohenden Putsches der SA liefern sollte. Dabei scheute er auch nicht davor zurück, die bekannten homosexuellen Neigungen Röhms als belastendes Argument gegen den SA-Stabschef ins Feld zu führen.

In der Nacht vom 29. auf den 30. Juni flog Hitler von Bad Godesberg nach München und fuhr von dort mit einem SS-Kommando und Kripobeamten weiter nach Bad Wiessee. Er ließ Röhm und die dort anwesenden SA-Führer festnehmen und ins Gefängnis nach München-Stadelheim bringen. Sechs SA-Männer, deren Namen er auf einer Liste mit Grünstift angekreuzt hatte, wurden am Nachmittag des 30. Juni exekutiert. Röhm, der zunächst noch am Leben blieb, wurde am Tag darauf auf Befehl Hitlers liquidiert. Gleichzeitig wurden in Berlin die Exekutionskommandos in Bewegung gesetzt. Papens Mitarbeiter Edgar Julius Jung und Herbert von Bose wurden erschossen; der Vizekanzler selbst kam mit dem Leben davon. Hitlers Schergen nutzten die Gelegenheit, um alte Rechnungen zu begleichen. Ihnen fielen unter anderen General Kurt von Schleicher, der letzte Reichskanzler vor Hitler, mitsamt seiner Frau, der ehemalige bayerische Generalstaatskommissar, Gustav Ritter von Kahr, und der ehemalige Reichsorganisationsleiter der NSDAP, Gregor Straßer, zum Opfer. Bekannt sind die Namen von 90 Ermordeten; die tatsächliche Zahl wird auf das Doppelte geschätzt.

Mit der «Nacht der langen Messer» enthüllte sich endgültig die verbrecherische Natur des NS-Regimes und seines «Führers». Doch in der deutschen Bevölkerung wurde der blutige Schlag gegen die SA-Führung mit Erleichterung aufgenommen. Hitler wurde für sein «tatkräftiges Handeln» gepriesen – ein Zeichen dafür, wie abgestumpft das Rechtsempfinden bereits nach eineinhalb Jahren der NS-Diktatur war. Vor dem Reichstag übernahm der Reichskanzler am 13. Juli 1934 die volle Verantwortung für die Mordaktion: Wenn ihm jemand vorwerfe, nicht die ordentlichen Gerichte zur Aburteilung herangezogen zu haben, könne er nur antworten: «In dieser Stunde war ich verantwortlich für das Schicksal der deutschen Nation und damit des deutschen Volkes oberster Gerichtsherr.» In einem Artikel mit der Überschrift «Der Führer schützt das Recht» feierte der «Kronjurist des Dritten Reiches», der Staatsrechtler Carl Schmitt, diesen jedem Rechtsdenken hohnsprechenden Standpunkt.

44. Warum schaffte Hitler nach dem Tod Hindenburgs das Amt des Reichspräsidenten ab? Mit dem Problemkomplex SA war die Frage der Nachfolge Hindenburgs eng verknüpft. Der Reichspräsident wurde Anfang Oktober 1933 86 Jahre alt. Mit seinem baldigen Ableben musste gerechnet werden. Obwohl seine Position mit dem Ermächtigungsgesetz bereits stark geschwächt worden war, stellte er doch noch einen eigenständigen Machtfaktor dar, der der Etablierung einer uneingeschränkten Führerdiktatur im Wege stand. Bereits im Juli 1933 hatte Propagandaminister Goebbels nach Beratungen mit dem Chef der Reichskanzlei, Hans Heinrich Lammers, in seinem Tagebuch festgehalten: Hitler dürfe nach dem Tod Hindenburgs keinen Reichspräsidenten mehr «über sich dulden», vielmehr sollte er «beide Ämter in einer Person vereinen». Auf diese Lösung verständigten sich Hitler und Goebbels in einer «langen grundsätzlichen Aussprache» am 24. August 1933. Allerdings konnte der Reichskanzler nur hoffen, die Nachfolge Hindenburgs anzutreten, wenn er die Reichswehr, deren Oberbefehlshaber der Reichspräsident war, auf seiner Seite wusste. Ebendeshalb musste er auch darauf bedacht sein, Röhm mit seinen Milizplänen in die Schranken zu weisen. In der NS-Führung fürchtete man überdies, dass der Vizekanzler Ansprüche auf das Amt des Reichspräsidenten anmelden könne. Papen «möchte gern an Hindenburgs Stelle, wenn der alte Herr stirbt. Kommt gar nicht in Frage», notierte Goebbels im April 1934.

Im Juni 1934 zog sich der kranke Hindenburg ganz auf sein Gut Neudeck in Ostpreußen zurück. Ende Juli verschlechterte sich sein Gesundheitszustand rasch. In den Morgenstunden des 2. August verstarb er. Ohne seinen Tod abzuwarten, hatte Hitler noch am Abend zuvor im Kabinett das «Gesetz über das Staatsoberhaupt des Deutschen Reiches» eingebracht, das die Nachfolge in seinem Sinne regelte. Danach wurde das Amt des Reichspräsidenten mit dem des Reichskanzlers zusammengelegt und die Befugnisse des Ersteren auf den «Führer und Reichskanzler», wie Hitler sich nun offiziell nannte, übertragen.

Am 2. August wurden die Soldaten der Wehrmacht auf den neuen Oberbefehlshaber vereidigt. Am 19. August wurde ein Plebiszit über die Neuregelung der Staatsführung abgehalten. 89,9 Prozent stimmten nach offiziellen Angaben mit Ja. Der Prozess der «Machtergreifung» kam damit zu einem Abschluss. Innerhalb von eineinhalb

Jahren hatte Hitler Deutschland in eine Führerdiktatur verwandelt. Er besaß eine Machtfülle, wie sie kein deutscher Regierungschef jemals besessen hatte.

45. Wie übte Hitler seine Herrschaft aus? Als Reichskanzler vermied es Hitler nach Möglichkeit, seine Befehle schriftlich zu fixieren. Er erteilte sie zumeist mündlich und überließ es seinen Mitarbeitern, sie in praktikable Anweisungen zu übersetzen und an die zuständigen Ressorts weiterzuleiten. Für diejenigen, die Zugang zum Diktator hatten und etwas bei ihm durchsetzen wollten, bestand die Kunst darin, ihm bei günstiger Gelegenheit in einem Vier-Augen-Gespräch Zusagen zu entlocken, die dann als «Führerwille» deklariert und in den Entscheidungsprozess eingespeist werden konnten. Andererseits ermutigte dieser extrem personalisierte Herrschaftsstil die nachgeordneten Chargen auch, mit eigenen Initiativen voranzugehen, um das, was Hitlers Intentionen zu entsprechen schien, mit vorbereiten und anschieben zu helfen. «Dem Führer entgegenarbeiten» – darin sieht der britische Historiker und Hitler-Biograph Ian Kershaw zu Recht einen Schlüssel zum Verständnis des NS-Herrschaftssystems. Darin lag auch eine Ursache für die fortlaufende Radikalisierung des Regimes, weil sich Hitlers Satrapen im Wettlauf um die Gunst des Diktators mit radikalen Forderungen zu übertrumpfen suchten.

Seine schon vor 1933 erprobte Technik, nach dem Muster des *divide et impera* Kompetenzen zu verwischen und Ämter doppelt zu besetzen, um Rivalitäten zu schüren und damit seine Stellung unangreifbar zu machen, entwickelte Hitler nach seinem Machtantritt zur Perfektion. Die scheinbar paradoxe Folge war, dass sich unterhalb der monokratischen Spitze eine Polykratie der Ämter und Ressorts herausbildete, die um Macht und Einfluss rangen. Für bestimmte, als vordringlich erachtete Aufgaben, wie etwa den Autobahnbau oder die Entwicklung des Arbeitsdienstes, setzte Hitler Sonderbevollmächtigte ein, die ihm direkt verantwortlich waren. Aus den daraus zwangsläufig resultierenden Kompetenzkonflikten zwischen den Sonderstäben, den Ministerien und Parteidienststellen hielt sich Hitler weitgehend heraus – geleitet von der sozialdarwinistischen Vorstellung, dass sich in diesem Gerangel am Ende der Stärkere und damit Effektivere durchsetzen werde.

Zur Auflösung der herkömmlichen Formen des Regierungshandelns gehörte auch, dass Hitler das Reichskabinett in den Jahren 1934 bis 1937 immer seltener einberief. Am 5. Februar 1938 fand die letzte Sitzung statt. Durch den Bedeutungsverlust des Kabinetts rückte der Chef der Reichskanzlei, Hans Heinrich Lammers, als Mittler zwischen Hitler und den Reichsministerien in eine Schlüsselposition. In den letzten Jahren des Regimes sollte Lammers jedoch den Machtkampf mit Martin Bormann, dem Leiter der Parteikanzlei und «Sekretär des Führers», verlieren, der im Führerhauptquartier den privilegierten Zugang zum Diktator regelte.

46. Wie groß war die Zustimmung der Deutschen für Hitler? Diese Frage ist nicht leicht zu beantworten, denn unabhängige Meinungsumfragen gibt es nicht, und die zumeist über 90-Prozent-Ergebnisse, die das Regime in den Plebisziten erreichte, können selbstverständlich nicht als Spiegel der wahren Volksstimmung gelten. Aber dass Hitler in den ersten Jahren seiner Regierung von einer Welle der Zustimmung getragen wurde und eine Mehrheit der Bevölkerung hinter sich hatte, das lässt sich kaum bestreiten. Vor allem die Beseitigung der Massenarbeitslosigkeit und die Erfolge in der Außenpolitik wurden seinem Konto gutgeschrieben.

Allerdings war Hitlers Popularität nicht konstant, sondern Schwankungen unterworfen. Nach der Euphorie der Anfangsmonate machten sich im Frühjahr 1934 Ernüchterung und Enttäuschung breit, weil es wirtschaftlich nicht so rasch aufwärts ging wie erhofft. Der Schlag gegen die SA-Führung und gegen die Gruppe um Papen war auch eine Reaktion darauf. Im Herbst 1935 ließen Versorgungsengpässe und kirchenfeindliche Maßnahmen des Regimes die Unzufriedenheit wieder ansteigen. Der Einmarsch ins entmilitarisierte Rheinland im März 1936 war auch innenpolitisch motiviert; er sollte von den Schwierigkeiten im Innern ablenken.

Einen Höhepunkt erreichte Hitlers Popularität mit dem Anschluss Österreichs im März 1938. Vermutlich war die Zustimmung zu seinem Regime niemals größer als damals. In der «Sudentenkrise» des Herbsts 1938 überwog die Angst vor einem neuen Krieg, und auch Hitlers Ansehen wurde dadurch in Mitleidenschaft gezogen. Die Ovationen, die dem britischen Premierminister Neville Chamberlain während der Münchner Konferenz Ende September 1938 bereitet wurden, enthielten auch eine unterschwellige Kritik an dem deutschen Staatschef, der Europa hart an den Abgrund eines neuen Krieges geführt hatte. Der überraschend schnelle Sieg über Frankreich im Frühsommer 1940 ließ Hitlers Popularitätskurve noch einmal ansteigen. Nach der Niederlage von Stalingrad Anfang 1943 ging es damit jedoch steil bergab.

47. Welche Funktion erfüllte der Führermythos? In seinen Erinnerungen hat Hitlers Adjutant Fritz Wiedemann eine charakteristische Episode festgehalten. Während eines Führer-Besuchs in Hamburg schon Mitte der dreißiger Jahre drängte die begeisterte Menge das Begleitkommando beiseite, und einem Mann gelang es, Hitlers Hand zu fassen. «Dann fing er an, wie verrückt herumzutanzen, und schrie immer wieder: ‹Ich habe seine Hand gedrückt! Ich habe seine Hand gedrückt!› Wenn er erklärt hätte, er sei vorher lahm gewesen und könnte jetzt wieder gehen, hätte mich auch das nicht gewundert, und die Menge hätte es bestimmt geglaubt.» In dieser Schilderung zeigt sich der Kern des Hitler-Mythos: die Vorstellung, es bei ihm mit einem Politiker zu tun zu haben, der über außeralltägliche Kräfte verfügte, ja dem die Eigenschaften eines Wundertäters zugeschrieben wurden.

Die Mythenbildung hatte schon 1922 eingesetzt mit den Versuchen der Entourage, Hitler zu einem «deutschen Mussolini» zu stilisieren. In den Jahren der Neugründung der Partei nach 1925 wurde die Grußformel «Heil Hitler!» für die Parteimitglieder verbindlich. In ihr drückte sich nicht nur die unbestrittene Führungsposition des NSDAP-Vorsitzenden aus, sondern auch eine Art Kanonisierung seiner Person bereits zu Lebzeiten. Die Propaganda war unaufhörlich damit beschäftigt, den Führerkult zu popularisieren und bis in den letzten Ortsverein hineinzutragen. Besonders Hitlers «Leibphotograph» Heinrich Hoffmann trug mit seinen Bildbroschüren dazu bei, Hitlers quasireligiösen Nimbus zu bekräftigen: «Ein Mann, aufgestanden mitten aus dem Volk, verkündet das Evangelium der Liebe zum Vaterland.»

Zum Massenphänomen wurde der Führermythos in den frühen dreißiger Jahren, als die NSDAP zur stärksten Partei wurde und Hitler in den Augen vieler als der einzige Politiker galt, der Deutschland aus der Krise herausführen könne. «Wieviele sehen zu ihm auf in ergreifender Gläubigkeit als dem Helfer, Erretter, als dem Erlöser aus übergroßer Not», schrieb die Hamburger Lehrerin Luise Solmnitz im Frühjahr 1932.

Bereits in den ersten Jahren nach der «Machtergreifung» nahm der Kult um Hitler ungeahnte Ausmaße an. Viele Städte und Gemeinden trugen ihm die Ehrenbürgerschaft an, Straßen und Plätze wurden nach ihm benannt, «Hitlereichen» und «Hitlerlinden» gepflanzt. Die Reichskanzlei wurde mit Fanpost geradezu überschwemmt. Es entwickelte sich ein schwunghafter Handel mit Hitler-Büsten und Hitler-Devotionalien. Wo immer der «Führer» auftauchte, wurde er gefeiert wie ein Popstar. Der Obersalzberg wurde zum Wallfahrtsort. Tausende Pilger strömten zu Hitlers Domizil, um einmal einen Blick auf den Wundermann zu erhaschen.

Der exzessive Führerkult war keineswegs nur das Werk des Chefpropagandisten Joseph Goebbels, der dafür sorgte, dass das Bild des «Führers» in den Medien ständig präsent gehalten wurde. Vielmehr wirkten die «Volksgenossen und Volksgenossinnen» selbsttätig mit an der pseudoreligiösen Überhöhung Hitlers, indem sie ihn zur Projektionsfläche aller ihrer messianischen Erwartungen machten.

Die Hitler-Euphorie blieb nicht auf bürgerliche Kreise beschränkt. Vielmehr erfasste sie zunehmend auch jene Arbeiter, die sich vor 1933 noch weitgehend immun gegen die Verheißungen der NS-Propaganda gezeigt hatten. Entscheidend hierbei waren die Erfolge des Regimes bei der Bekämpfung der Arbeitslosigkeit. «Große Teile der Arbeiterschaft» seien «der unkritischen Verhimmelung Hitlers verfallen», musste der Sozialdemokratische Parteivorstand im Exil (Sopade) bereits in seinem Bericht vom Sommer 1934 feststellen.

Die gewaltige Popularität, die Hitler genoss, strahlte freilich nicht auf seine Partei ab. Da der immer mehr der Alltagssphäre entrückte «Führer» sakrosankt war, konzentrierte sich alle Unzufriedenheit über bestimmte Auswüchse des Regimes auf die Unterführer, die «braunen Bonzen». Hitler schien sich in seiner Lebensführung positiv von vielen Parteifunktionären zu unterscheiden, die ihre neugewonnene Macht protzig zur Schau stellten und für Korruption anfällig waren. Demgegenüber präsentierte sich der «Führer» als «schlichter Mann aus dem Volk», der persönlich anspruchslos sei und sich kein Privatleben leisten könne. Dass dieses Image mit der Wirklichkeit nichts zu tun hatte, durchschauten die wenigsten.

So erfüllte der Führermythos nicht nur eine integrative, sondern auch eine kompensatorische Funktion. Er entschärfte die Unzufriedenheit über Probleme und Missstände im «Dritten Reich», indem diese allein dem Fehlverhalten der «kleinen Hitler» angelastet wurden, der Mann an der Spitze aber von aller Kritik ausgenommen blieb. «Wenn das der Führer wüsste» – das war schon bald eine stehende Redewendung.

Nach dem Sieg über Frankreich im Frühsommer 1940 wurde die mythische Verklärung Hitlers um eine zugkräftige Dimension erweitert: Nun wurde ihm auch der Nimbus des genialen Feldherrn zugeschrieben. Doch je länger der versprochene «Endsieg» auf sich warten ließ, an die Stelle der «Blitzsiege» katastrophale Niederlagen traten, desto mehr war der Führermythos einem schleichenden Verfall ausgesetzt, ohne freilich seine Bindekraft ganz zu verlieren. Nach dem Attentat vom 20. Juli 1944 erlebte er sogar noch einmal eine kurzzeitige Wiederbelebung.

48. War die NS-Volksgemeinschaft ein bloßes Propagandakonstrukt? Vor 1933 war das Versprechen, eine «Volksgemeinschaft» schaffen zu wollen, eine der zugkräftigsten Wahlparolen Hitlers gewesen. Was damit konkret gemeint war, das blieb allerdings vage: Es sollten die Gegensätze zwischen den Klassen und Parteien überwunden und eine möglichst konfliktfreie politische und soziale Ordnung errichtet werden, die als Grundlage für den nationalen Wiederaufstieg betrachtet wurde. Von Anfang an war aber klar, dass der «Volksgemeinschaft» nur solche «Volksgenossen» angehören durften, die «deutschen Blutes sind», wie schon der erste Punkt des NSDAP-Parteiprogramms von 1920 verlangte. Das heißt: Für jüdische Deutsche und darüber hinaus für alle als rassisch «minderwertig» stigmatisierten Gruppen war in dieser auf Homogenität zielenden Gemeinschaft kein Platz.

Nach der «Machtergreifung» knüpfte Hitler nahtlos an das propagierte Leitbild an. Und die Nationalsozialisten unternahmen einige Anstrengungen, es in die Tat umzusetzen. Allerdings klafften Anspruch und Wirklichkeit des Regimes gerade auf diesem Feld weit auseinander. So sollten zwar möglichst alle Deutschen an den von der NS-Gemeinschaft «Kraft durch Freude» (KdF) organisierten Freizeit- und Urlaubsangeboten teilnehmen können. Doch auf Seereisen ins Ausland mit einem der KdF-Schiffe vergnügten sich vor allem Angehörige der Mittelschichten und NS-Funktionäre; die meisten Arbeiter konnten sie sich noch nicht leisten. Auch bei den vielgepriesenen «Volksprodukten» waren die Konsummöglichkeiten unterschiedlich verteilt. Der «Volksempfänger», ein preiswertes Rundfunkgerät, fand Eingang auch in Arbeiterhaushalte, während das Auto für alle, der «Volkswagen», für viele Normalverdiener noch unerschwinglich blieb.

Als Paradestück für die funktionierende «Volksgemeinschaft» galt das Winterhilfswerk des Deutschen Volkes. Mit dieser Sammelaktion, so führte Hitler bei der Eröffnung im September 1933 aus, sollte bewiesen werden, dass die Volksgemeinschaft «kein leerer Begriff», sondern «wirklich etwas Lebendiges» sei. Zwar kamen Jahr für Jahr beträchtliche Summen zusammen, doch erhielten sie zunehmend den Charakter einer Zwangsabgabe. Lohnabhängig Beschäftigte mussten sich gefallen lassen, dass ihre Spende gleich von ihrem Gehalt abgezogen wurde.

Nach Hitlers wiederholt bekundetem Willen sollten jedem Deutschen unabhängig von seiner sozialen Herkunft die gleichen Aufstiegsmöglichkeiten offenstehen – getreu dem Motto: «Freie Bahn dem Tüchtigen». Doch auch hier blieb die gesellschaftliche Wirklichkeit des «Dritten Reiches» hinter den Ankündigungen zurück. Zwar gab es vermehrte Aufstiegschancen auch für Angehörige bisher benachteiligter Schichten. Allein die NSDAP und die ihr angegliederten Organisationen oder die mit Wiedereinführung der allgemeinen Wehrpflicht 1935 expandierende Wehrmacht boten viele neue, gut besoldete Posten besonders für junge, ehrgeizige Akademiker. Die bisherigen Klassen- und Milieuschranken wurden durchlässiger, aufgehoben aber wurden sie nicht. Allerdings sorgte die egalitäre Rhetorik Hitlers dafür, ein Gefühl größerer sozialer Gleichheit zu suggerieren, und auch dieser Effekt trug dazu bei, die Bindungen an das Regime zu verstärken.

Die NS-Volksgemeinschaft war, so gesehen, kein bloßes Propagandakonstrukt, nicht nur täuschender Schein. Aber sie war auch nicht gesellschaftliche Realität in dem Sinne, dass sie die bestehenden Eigentums- und Besitzverhältnisse in Frage gestellt hätte. Ihre Attraktivität lag im Versprechen einer künftigen formierten Gesellschaft, in der die Deutschen mit einem hohen Standard an Freizeit- und Konsummöglichkeiten bei Laune gehalten wurden, während die sogenannten «Gemeinschaftsfremden» ausgegrenzt und der Verfolgung preisgegeben wurden.

49. Inwieweit bestimmte Hitler die antisemitische Politik des Regimes nach 1933? Ein Kennzeichen der antijüdischen Politik des NS-Regimes war, dass sich gewalttätige Aktivitäten «von unten» seitens der lokalen Machtträger und administrative Maßnahmen «von oben» wechselseitig beeinflussten und den Prozess der Radikalisierung vorantrieben. Die entscheidende Instanz war allerdings Hitler: Er behielt jederzeit die Fäden in der Hand und bestimmte das Gesetz des Handelns. Er war es, der Ende März 1933 auf dem Obersalzberg entschied, dass am 1. April zum Boykott jüdischer Geschäfte, Arzt- und Anwaltspraxen aufgerufen werden sollte. Die Aktion richtete sich nicht nur gegen die angebliche «Greuelhetze» des Auslands, sondern sollte auch die wilden antisemitischen Ausschreitungen der örtlichen SA- und Parteiaktivisten kanalisieren und auf ein gemeinsames Ziel lenken.

Nach dem 1. April 1933 trat zunächst eine Phase der Beruhigung ein. Im Frühjahr 1935 nahmen die Boykottaktionen und die alltägliche Gewalt wieder zu. Sie gipfelten im Juli 1935 in den sogenannten «Kurfürstendamm-Krawallen» in Berlin. bei denen im Anschluss an die Aufführung eines antisemitischen Films Schlägertrupps jüdische Restaurantbesucher und Passanten verprügelten. Hitler und die NS-Führung erschien es danach geraten, die Zügel der Kontrolle wieder anzuziehen, gleichzeitig aber die antisemitische Gesetzgebung zu verschärfen. Auf dem Nürnberger Parteitag im September 1935 wurden das «Gesetz zum Schutze des deutschen Blutes und der deutschen Ehre» und das «Reichsbürgergesetz» verabschiedet, mit denen die gesellschaftliche Segregation der deutschen Juden und ihre Entrechtung forciert wurden.

Während der Olympischen Winterspiele in Garmisch-Partenkirchen und den Sommerspielen in Berlin 1936 wurde auf Hitlers Geheiß die antisemitische Propaganda vorübergehend gedrosselt. Schilder mit diskriminierenden Inschriften wurden entfernt und das antisemitische Hetzblatt «Der Stürmer» aus den Auslagen genommen. Doch nach Ende der Spiele kehrte das Regime zur Normalität, das heißt zur offenen Judenverfolgung, zurück. Immer mehr jüdische Geschäfte wurden enteignet, «arisiert», ihre Besitzer zur Auswanderung gezwungen. Der Anschluss Österreichs im März 1938 leitete eine neue, noch radikalere Phase ein. Ein diskriminierendes Gesetz folgte dem anderen, und allesamt dienten sie dem Zweck, die wirtschaftliche Existenz der im Großdeutschen Reich lebenden Juden zu vernichten und ihnen das Leben so schwer wie möglich zu machen.

Nach dem Attentat des 17-jährigen Herschel Grynszpan auf den Legationssekretär an der deutschen Botschaft in Paris, Ernst vom Rath, gab Hitler am Abend des 9. November 1938 während der Gedenkfeier mit den «alten Kämpfern» in München grünes Licht für den schon lange geplanten reichsweiten Pogrom, entfernte sich dann allerdings rasch, um mit den nachfolgenden Ereignissen nicht in Verbindung gebracht zu werden. Goebbels übernahm die Regie und schwor die Versammlung auf die offizielle Sprachregelung ein: Der Pogrom sei ein spontaner Ausbruch des «Volkszorns». Für jedermann war jedoch deutlich, dass die Aktion «von oben» angeordnet und von Aktivisten der Partei, der SA und SS und der Hitler-Jugend ausgeführt worden war. In ihrer Mehrheit reagierte die Bevölkerung ablehnend; allerdings blieb Hitler, der Anstifter, wiederum von der Kritik ausgenommen. «Das will der Führer bestimmt nicht», hieß es vielerorts.

Auf den Pogrom folgte eine weitere Flut antisemitischer Gesetze und Erlasse. Sie zielten auf die Vertreibung der Juden, noch nicht auf ihre physische Vernichtung. In seiner Reichstagsrede vom 30. Januar 1939 tastete sich Hitler allerdings bereits an diese Extremlösung heran, als er drohte: «Wenn es dem internationalen Finanzjudentum in und außerhalb Europas gelingen sollte, die Völker noch einmal in einen Weltkrieg zu stürzen, dann wird das Ergebnis nicht die Bolschewisierung der Erde und damit der Sieg des Judentums sein, sondern die Vernichtung der jüdischen Rasse in Europa.» Auf diese Prophezeiung sollte der Diktator im Zweiten Weltkrieg, als der Völkermord bereits im vollen Gange war, immer wieder zurückkommen.

VI. Hitler privat

50. Hitler – ein Politiker ohne Privatleben? Fast alle Hitler-Biographen sind davon ausgegangen, dass Hitlers persönliche Existenz außerhalb der Politik ziemlich uninteressant sei, ja dass es überhaupt keine private Sphäre gegeben habe. Joachim Fest sprach vom «menschenleeren Raum um ihn herum» und stellte kategorisch fest: «Ein Privatleben hatte er nicht.» Ian Kershaw spitzte diesen Befund noch zu, indem er behauptete, dass Hitler ganz in der Rolle des Führers aufgegangen sei: «Hitlers Privatleben war sein Leben als politisches Wesen.» Wenn man abziehe, «was Politik an ihm ist», bliebe nichts übrig: «Er ist in gewisser Weise eine leere Hülse.» Zuletzt hat auch Peter Longerich bekräftigt: «Ein privater Hitler jenseits der öffentlichen Rolle existierte nicht.»

Doch bei näherem Hinsehen zeigt sich, dass die vermeintliche Leerstelle Teil einer Inszenierung war, mit der Hitler darauf abzielte, seine persönlichen Lebensumstände der öffentlichen Neugier zu entziehen. Er wollte sich als ein Politiker präsentieren, der sich mit seiner Rolle als «Führer» ganz identisch fühle und allem privaten Glück entsagt habe, um sich gewissermaßen Tag und Nacht im Dienste des deutschen Volkes aufzureiben. Er habe «längst kein Privatleben mehr», hat er als Reichskanzler immer wieder beklagt. Will man dieser Selbststilisierung nicht noch nachträglich auf den Leim gehen, muss man hinter die Kulisse schauen, die das öffentliche Bild Hitlers und die ihm zugeschriebene oder von ihm eingenommene Rolle von der wirklichen Person mit ihren eigentümlichen Anlagen und Verhaltensweisen trennt.

51. In welchen privaten Kreisen verkehrte Hitler? Ein feststehender Topos lautet: Hitler sei zu engeren menschlichen Bindungen prinzipiell unfähig gewesen. Tatsächlich liebte es der von seiner Erwähltheit Überzeugte, sich mit dem Nimbus der Unnahbarkeit zu umgeben. Allzu große Vertraulichkeit und Intimität waren ihm verhasst. Wirkliche Freunde hat er nicht besessen. Es gab nur wenige Menschen, mit denen er sich duzte, darunter Ernst Röhm, den er 1934 umbringen ließ. Doch bei aller Distanz, die Hitler gegen seine Mitwelt übte, gab es mehrere Kreise, die ihm als Familienersatz dienten, Dazu zählte die Familie seines «Leibphotographen» Heinrich Hoffmann, in dessen Münchner Villa er auch nach 1933 noch ein häufiger Gast war. Bei der Hochzeit der Tochter Henriette Hoffmann mit dem Reichsjugendführer Baldur von Schirach 1932 war Hitler selbstverständlich anwesend.

Wie ein Hausfreund wurde Hitler auch von den Wagners in Bayreuth aufgenommen. «In der Familie Wagner fühlte er sich sichtlich geborgen und frei von dem Zwang der Machtdarstellung», beobachtete ein Begleiter. Nicht nur mit der Prinzipalin Winifred Wagner, mit der er sich seit 1926 duzte, sondern auch mit den vier Wagner-Kindern pflegte er familiären Umgang. Er nahm sie mit auf Touren in seinem großen Mercedes-Kompressor, erzählte ihnen abends Geschichten – und er posierte bereitwillig für Photographien. Im Jahr 2016 tauchte ein zehn Minuten und 40 Sekunden langer Film auf, den der damals 16-jährige Wolfgang Wagner im Sommer 1936 während Hitlers Besuch bei den Bayreuther Festspielen gedreht hatte. Er zeigt, wie entspannt und vertraut der Diktator und die Wagners miteinander umgingen (vgl. Christine Lemke-Matwey, in: DIE ZEIT Nr. 32/2016).

In Berlin wiederum gehörte Hitler fast zur Familie Goebbels. Im Dezember 1931 war er Trauzeuge bei der Heirat von Joseph Goebbels und Magda Quandt, der geschiedenen Frau des Industriellen Günther Quandt. Schon vor 1933 verbrachte er viele Abende in der Wohnung der beiden, und auch danach besuchte er sie häufig. Die umfangreichen Tagebücher von Goebbels belegen, wie intensiv er Anteil am Familienleben nahm. So besuchte er Magda Goebbels in der Klinik, wenn sie von einer ihrer vielen Schwangerschaften entbunden wurde, und gemeinsam feierte man die Geburtstage. Zum fünften Hochzeitstag des Paares ließ Hitler es sich nicht nehmen, noch in vorgerückter Stunde persönlich Blumen und Glückwünsche zu überbringen. «Wir sind ganz gerührt und beglückt. Er fühlt sich bei uns so wohl», notierte der Propagandaminister. Als Goebbels sich im Herbst 1938 wegen seiner Affäre mit dem aus Prag stammenden Ufa-Star Lida Baarova scheiden lassen wollte, legte Hitler ein Veto ein – auch in der nicht ganz uneigennützigen Absicht, sich im Hause Goebbels weiter Familienanschluss zu erhalten.

Mit zunehmender Dauer des Krieges, als er immer längere Zeit im Führerhauptquartier zubringen musste, stellte Hitler seine privaten

Kontakte weitgehend ein. Jetzt wurde er tatsächlich zu dem, der er immer zu sein beansprucht hatte: ein Mann ohne Privatleben.

52. Welche Beziehungen pflegte Hitler zu Frauen? Die Frage, wie es um Hitlers Beziehungen zum weiblichen Geschlecht bestellt war, ist nur sehr schwer zu beantworten. Hitler hat, was diese Seite seines Privatlebens betraf, auch gegenüber den engsten Mitgliedern seiner Entourage ein Versteckspiel betrieben. Persönliche Dokumente, die darüber Aufschluss geben könnten, sind sehr selten. Dies erklärt, warum kein Kapitel seiner Biographie so voll von Gerüchten und Spekulationen ist wie sein Verhältnis zu Frauen. So hat man gemutmaßt, Hitler sei ein Mann ohne alle sexuellen Bedürfnisse gewesen. Diese Vermutung geht zurück auf seine Sekretärin Christa Schroeder, die nach dem Krieg bezeugte, alle Beziehungen ihres «Chefs» zu Frauen seien rein platonisch gewesen. Hitler habe seine Befriedigung in der «Ekstase der Massen» gesucht und gefunden. Die Annahme einer prinzipiell asexuellen Lebensweise ist freilich ebenso Spekulation wie die zuletzt vom Bremer Historiker Lothar Machtan vertretene These, Hitler sei in Wahrheit homosexuell veranlagt gewesen, habe diese Neigung aber im Interesse seiner politischen Karriere unterdrücken müssen («Hitlers Geheimnis», 2001).

Auch über die Beschaffenheit von Hitlers Genitalien ist viel spekuliert worden. So wurde immer wieder das Gerücht verbreitet, Hitler habe bei seiner Verletzung an der Westfront im Oktober 1916 einen Hoden verloren. Im Jahr 2015 veröffentlichte Peter Fleischmann, Leiter des Staatsarchivs Nürnberg, die lange Zeit verschollen geglaubte Personalakte Hitlers aus der Landsberger Haftzeit («Hitler als Häftling in Landsberg am Lech 1923/24», 2015). Aus einem kurzen Eintrag des Anstaltsarztes, der den gerade eingelieferten Putschisten am 11. November 1923 untersuchte, geht hervor, dass Hitler an einem «rechtsseitigen Kryptorchismus» litt. Das heißt, dass ein Hoden bei ihm während der embryonalen Entwicklung oder im Säuglingsalter im Hodenleiter stecken geblieben war. Sollte der Befund zutreffen – und es gibt wenig Anlass, daran zu zweifeln –, dann müsste auch die auf Hitlers Leibarzt Morell zurückgehende Annahme, die Geschlechtsorgane seines Patienten seien völlig normal entwickelt gewesen, korrigiert werden. Über die Auswirkungen der nun bekannt gewordenen Anomalie lässt sich wiederum nur spekulieren. Vermutlich erklärt sie Hitlers Scheu vor Entblößung, und vielleicht liegt hier auch eine Ursache für seine komplexbehafteten Beziehungen zu Frauen.

Mit einiger Sicherheit kann gesagt werden, dass Hitler weder vor 1914 noch während des Ersten Weltkrieges sexuelle Erfahrungen mit Frauen gesammelt hatte. Auch zu den Frauen, mit denen der aufstrebende Politiker in München nach 1918 Bekanntschaft schloss – darunter Eugenie Haug, die Schwester seines damaligen Chauffeurs Hans Haug, oder Adelheid Klein, Redaktionssekretärin beim «Völkischen Beobachter» –, scheint Hitler keine intimen Beziehungen unterhalten zu haben. Ein Grundmuster allerdings lässt sich erkennen: Entweder suchte er die Nähe zu älteren Frauen wie Helene Bechstein, Elsa Bruckmann oder Hermine Hoffmann, der Witwe eines Oberstudiendirektors in München-Solln – den sogenannten «Hitler-Muttis», die ihren Schützling unter ihre Fittiche nahmen. Oder er bevorzugte die Gesellschaft sehr viel jüngerer Frauen, wie etwa der 16-jährigen Maria Reiter, die er im Herbst 1926 in Berchtesgaden kennenlernte.

Auch diese Affäre, die er nach wenigen Monaten beendete, nachdem er in anonymen Briefen der Unzucht mit Minderjährigen bezichtigt worden war, ging offenbar über den Austausch von Zärtlichkeiten nicht hinaus. In seinen Briefen und Postkarten, die er Maria Reiter schrieb, gab er sich ganz als väterlicher Freund. Noch in seinen Monologen im Führerhauptquartier erinnerte er sich an die Episode: «Die Miezel war ein bildhübsches Mädel gewesen. Ich habe damals sehr viele Frauen gekannt. Manche hat mich auch gern gehabt. Warum aber sollte ich heiraten, um dann eine Frau zurückzulassen? (...) Das hat mich in jener Zeit dazu geführt, daß ich einige Chancen nicht wahrgenommen habe. Ich habe mich zurückgerissen.»

53. Welcher Art war Hitlers Beziehung zu seiner Nichte Geli Raubal? Keine der Frauen in Hitlers Umgebung hat die Phantasien der Zeitgenossen, aber auch der Nachwelt so gereizt wie die 1908 geborene Angela (Geli) Raubal, die Tochter seiner Halbschwester Angela. Nach ihrem Abitur in Linz zog die Neunzehnjährige im Herbst 1927 nach München und war fortan der strahlende Mittelpunkt von Hitlers Stammtischrunde im Café Heck. Ihr Medizinstudium gab sie bald auf. Stattdessen nahm sie auf Wunsch ihres Onkels Gesangsunterricht, um sich zur Opernsängerin ausbilden zu lassen. Hitler zeigte sich mit der attraktiven jungen Frau gern in der Öffentlichkeit. Sie begleitete ihn bei Theater- und Opernbesuchen, nahm an politischen Kundgebungen teil, und im August 1929 sah man sie auf dem Nürnberger Parteitag an der Seite des Parteiführers. Eifersüchtig wachte Hitler darüber, dass kein anderer Mann ihr zu nahe kam. Als sein Fahrer Emil Maurice ihm eine heimliche Liebesbeziehung mit Geli Raubal gestand, wurde er fristlos entlassen. Im Oktober 1929 gab die Nichte ihr Pensionszimmer auf und zog in Hitlers neue Wohnung in der Prinzregentenstraße ein.

Am 18. September 1931, kurz nachdem Hitler zu einer Agitationsreise Richtung Norden aufgebrochen war, erschoss sich Geli Raubal mit der Pistole ihres Onkels. Über die Motive für den Selbstmord ist viel gerätselt worden. So hat man insinuiert, Hitler habe seine Nichte zu perversen Sexualpraktiken gezwungen. Als Kronzeuge diente in diesem Fall Ernst Hanfstaengl, der in seinen Erinnerungen «Zwischen Weißem und Braunem Haus» (1970) die Äußerung Gelis kolportierte: «Mein Onkel ist ein Ungeheuer. Kein Mensch kann sich vorstellen, was er mir zumutet.» Doch ob Hitler überhaupt mit seiner Nichte intim wurde, ist keineswegs erwiesen. Plausibler ist eine andere Erklärung: Geli Raubal empfand das Leben in der Prinzregentenstraße zunehmend als Belastung; sie litt unter der Kontrollsucht ihres Onkels, der ihre Bewegungsfreiheit einengte. Schließlich sah sie keinen anderen Ausweg mehr, als Hand an sich zu legen.

Zweifellos hat der Tod seiner Nichte Hitler schwer getroffen. Doch dass er mit dem Gedanken gespielt haben soll, seine politische Karriere aufzugeben, ist eine Legende, die auf Heinrich Hoffmann zurückgeht. In seinen politischen Plänen sah sich der NSDAP-Vorsitzende durch die private Katastrophe nicht behindert. Im Gegenteil: Er hat auch daraus noch Kapital zu schlagen gewusst. Denn von Stund an umgab er sich mit der Aura des Mannes, der allem privaten Glück entsagt habe, um sich ganz seiner politischen Mission zum angeblichen Wohl des deutschen Volkes zu widmen.

54. Welche Rolle spielte Eva Braun in Hitlers Leben? Eva Braun war die Frau, die nach seiner Mutter die wichtigste Rolle in Hitlers persönlichem Leben spielte. Er traf die in Heinrich Hoffmanns Atelier beschäftigte 17-jährige Fotolaborantin zum ersten Mal im Herbst 1929 und fand offenbar spontan Gefallen an ihr. Enger wurde die Beziehung allerdings erst nach dem Selbstmord Geli Raubals. Ob und wann Eva Braun die Geliebte Hitlers wurde – darüber gehen allerdings die Meinungen auseinander. Anni Winter, seine Haushälterin in der Prinzregentenstraße, die es eigentlich wissen musste, hat nach 1945 ausgesagt, das Verhältnis sei in den ersten Monaten des Jahres 1932 intim geworden. Sicher ist das jedoch nicht.

Von Anfang an umgab Hitler die Beziehung auch gegenüber Parteifreunden mit einem Schleier der Diskretion. Anders als mit seiner Nichte zeigte er sich mit Eva Braun nicht gemeinsam in der Öffentlichkeit. Die sichtbare Existenz einer Geliebten an seiner Seite hätte seinen Anstrengungen widersprochen, sich als ein einsamer, restlos im Dienste der Nation verzehrender «Führer» zu inszenieren. Eva Braun war für Hitler offenbar eine Idealbesetzung, weil sie bereit war, sich auf sein Maskenspiel einzulassen. Allerdings scheint sie im November 1932 einen Selbstmordversuch vorgetäuscht zu haben in der Absicht, Hitler fester an sich zu binden.

Nach seiner Ernennung zum Reichskanzler setzte Hitler seine Beziehung zur jungen Münchnerin fort. Sie trafen sich, sooft es ihm möglich war, in seiner Münchner Privatwohnung oder in seinem Domizil auf dem Obersalzberg. Im September 1934, nach dem Nürnberger Parteitag, verbannte Hitler seine Halbschwester Angela Raubal, die ihm seit 1928 den Haushalt auf dem Obersalzberg geführt hatte, abrupt aus ihrer Stellung, weil sie sich abfällig über Eva Braun geäußert hatte. Das war ein unmissverständlicher Wink an die Entourage: Wer sich in sein Privatleben einmischte und seine Freundin nicht akzeptierte, musste mit dem Entzug seiner Gunst rechnen.

Für die Monate Februar bis Mai 1935 hat sich ein Tagebuchfragment Eva Brauns erhalten, dessen Authentizität allerdings umstritten ist. Darin führte die 23-jährige Klage über die Unstetigkeit ihrer Beziehung zu Hitler. Ende Mai 1935 will sie einen zweiten Selbstmordversuch unternommen haben. Wie ernst er gemeint war, ist jedoch noch ungewisser als beim ersten Versuch. Im März 1936 kaufte Heinrich Hoffmann im Auftrag Hitlers eine kleine Villa im Nobelviertel Bogenhausen, in die Eva Braun und ihre jüngere Schwester Gretl einzogen. Auf dem Obersalzberg, ihrem zweiten Wohnsitz, wuchs Eva Braun nach dem Hinauswurf Angela Raubals in die Rolle einer Hausherrin hinein. Ihr Appartement im ersten Stock des Berghofs lag neben Hitlers Privaträumen und war mit diesen durch einen separaten Zugang verbunden. Dennoch sorgte Hitler durch eine ganze Reihe von Maßnahmen dafür, dass die Existenz seiner Geliebten vor der Öffentlichkeit verborgen blieb. Sowohl das Dienstpersonal als auch die Mitglieder der Entourage wurden zu strengem Stillschweigen verpflichtet. Bei offiziellen Empfängen oder Besuchen ausländischer Gäste musste sich Eva Braun in ihre Räume zurückziehen.

Dass Eva Braun einen wichtigen Platz in Hitlers Leben einnahm, dafür gibt es einen unabweisbaren Beleg: In seinem ersten handschriftlichen Testament von Anfang Mai 1938 bedachte er das «Fräulein Eva Braun – München» an erster Stelle. Sie sollte im Falle seines Todes auf Lebenszeit monatlich 1000 Mark erhalten. Erst an zweiter und dritter Stelle wurden seine Halbschwester Angela Raubal und seine Schwester Paula genannt, denen die gleiche Summe vermacht wurde.

Während der langen Abwesenheit Hitlers in den Kriegsjahren verfiel Eva Braun nicht in Trübsinn, sondern organisierte ausgelassene Partys, badete an heißen Sommertagen mit ihren Gästen im Königssee, und einmal im Jahr, zuletzt im Sommer 1942, reiste sie mit ihrer Mutter und ihren Freundinnen nach Italien. Während der seltener werdenden Aufenthalte Hitlers auf dem Berghof suchte sie für Ablenkung zu sorgen. Was der Diktator besonders an ihr schätzte, war ihre bedingungslose Loyalität. Eva Braun sei der einzige Mensch, der ihm in der letzten Stunde die Treue halten würde, hat er verschiedentlich geäußert. In diesem Punkt sollte ihn sein Gefühl nicht täuschen. Ende April 1945 nahmen sich beide im Bunker unter der Reichskanzlei gemeinsam das Leben.

In der Literatur ist Eva Braun immer wieder als «blondes Dummchen» vorgeführt worden, das für Hitler allenfalls eine Nebenrolle gespielt habe. Dieses Urteil geht unter anderem zurück auf die 1969 veröffentlichten «Erinnerungen» Albert Speers, der die angebliche Äußerung Hitlers überliefert hat: «Sehr intelligente Männer sollen sich eine primitive und dumme Frau nehmen.» Das Bild der unbedarften, gänzlich unpolitischen Gespielin des «Führers» hat Heike B. Görtemaker in ihrer Biographie («Eva Braun. Leben mit Hitler», 2010) gründlich korrigiert. Eva Braun war eine moderne junge Frau, die genau wusste, worauf sie sich in der Liaison mit Hitler einließ. Mit ihren Filmaufnahmen vom geselligen Leben und Treiben auf

Scheinidylle auf dem Obersalzberg: Auf der Terrasse des Berghofs ließ sich Hitler auch noch im Krieg gern inmitten seiner Entourage ablichten.

dem Berghof, die eine vermeintliche Idylle vorspiegeln, wollte sie dazu beitragen, das Bild Hitlers als eines menschenfreundlichen, fürsorglichen Hausherrn für die Nachwelt zu prägen.

55. Wer zählte zur Berghof-Gesellschaft, wer nicht? Im Oktober 1928 hatte Hitler das Haus «Wachenfeld» auf dem Obersalzberg gemietet, das der Witwe eines Geschäftsmannes in Norddeutschland gehörte. Im Juni 1933, wenige Monate nach seiner Ernennung zum Reichskanzler, ließ er das Anwesen auf seinen Namen überschreiben. Im Sommer 1935 entschloss er sich, das bescheidene Ferienhaus zur repräsentativen Alpenresidenz auszubauen. Bereits im Juli 1936 waren die Bauarbeiten abgeschlossen. «Das Ganze ist ein einzigartiger Herrensitz auf dem Berge. Hier kann man ausruhen. Der Führer ist ganz glücklich. Hier ist er zu Hause», notierte Propagandaminister Goebbels nach seinem ersten Besuch.

Der Berghof war für Hitler immer beides: ein Refugium, in dem er sein Privatleben ungestört von den Blicken der Außenwelt führen konnte, und zweite Regierungszentrale neben der Berliner Reichskanzlei. Entscheidendes Kriterium für die Aufnahme in den Kreis, der sich auf dem Berghof um den Diktator versammelte, war nicht der Rang, den jemand in der NS-Hierarchie einnahm, sondern allein die Sympathie, die Hitler ihm oder ihr entgegenbrachte. Und die hing nicht zuletzt davon ab, ob es der- oder diejenige verstand, sich mit seiner Geliebten Eva Braun gut zu stellen und sie in der Rolle zu akzeptieren, die sie auf dem Berghof spielte.

Dies erklärt, warum weder der Reichsminister für Luftfahrt und Beauftragter für den Vierjahresplan, Hermann Göring, noch Reichsführer SS Heinrich Himmler oder der «Führer-Stellvertreter» Rudolf Heß zur Berghof-Gesellschaft zählten, wohl aber Martin Bormann, der Stabsleiter beim «Stellvertreter des Führers». Seine starke Stellung beruhte darauf, dass er alle mit der Umgestaltung des Obersalzbergs zusammenhängenden Angelegenheiten diskret und effizient erledigt hatte und sich gegenüber Eva Braun besonderer Aufmerksamkeit befleißigte. Statt Reichsaußenminister Joachim von Ribbentrop fand sein Verbindungsmann beim «Führer», Botschafter Walther Hewel, der Hitler sympathisch war, Aufnahme in den Kreis. Zu den bevorzugten Dauergästen gehörten Hitlers Lieblingsarchitekt Albert Speer und seine Frau Margarete sowie Hitlers Begleitarzt, der Chirurg Karl Brandt, mit seiner Frau Anni, geborene Rehborn, die in den zwanziger Jahren mehrere deutsche Schwimmmeisterschaften gewonnen hatte. Beide Ehepaare bemühten sich eifrig um die Führer-Geliebte und bezogen sie in ihre gemeinsamen Unternehmungen ein.

Im Laufe des Jahres 1936 tauchte ein weiterer Mediziner im Gefolge Hitlers auf: Theodor Morell, ein ehemaliger Schiffsarzt, der sich psychologisch geschickt auf seinen hypochondrischen Patienten einzustellen verstand. Brandt betrachtete den korpulenten Neuankömmling als wichtigtuerischen Quacksalber. Doch solange sich Morell der Gunst des Diktators erfreute, war an seiner Position nicht zu rütteln. Gern gesehener Stammgast auf dem Berghof war auch Heinrich Hoffmann, gewöhnlich begleitet von seiner zweiten Frau. Hitler schätzte den «Reichsbildberichterstatter» nicht nur als Unterhaltungskünstler, sondern auch als Kunstliebhaber, der ihn beim Ankauf seiner Bilder beriet.

Als Ausgleich dafür, dass sie bei offiziellen Anlässen nicht in Erscheinung treten durfte, gestattete Hitler Eva Braun, Gäste ihrer Wahl auf den Obersalzberg einzuladen. Dazu gehörten ihre Schwester Gretl, ihre Freundinnen Herta Schneider, Marion Schönemann sowie die Kunstgewerblerin Sofie Stork. Zur Berghof-Gesellschaft zählten schließlich einige Mitglieder aus Hitlers persönlichem Stab – Reichspressechef Otto Dietrich, der Chef der Leibstandarte Adolf Hitler, Sepp Dietrich, die persönlichen Adjutanten Wilhelm Brückner und Julius Schaub sowie die Sekretärinnen Johanna Wolf, Christa Schroeder und Gerda Daranowski. Unter den militärischen Adjutanten erfreute sich besonders der junge Oberst Nicolaus von Below mitsamt seiner attraktiven Frau Maria der besonderen Sympathie Hitlers.

Im Krieg änderte sich an der Zusammensetzung des Kreises nur wenig. Wilhelm Brückner wurde im Oktober 1940 nach einer gegen ihn angezettelten Intrige vom Hofe verbannt. Neu hinzu kamen unter anderen die Sekretärin Traudl Junge und der Kameramann Walter Frentz, der schon an den Filmen von Leni Riefenstahl mitgewirkt hatte und 1939 als «Filmberichter» für die Aufnahmen von Hitler für die Deutsche Wochenschau zuständig war. In Hunderten von Fotografien hielt er das Leben auf dem Obersalzberg fest. Neben den Filmaufnahmen Eva Brauns lieferte er das wichtigste dokumentarische Material zur Berghof-Gesellschaft.

Seit Anfang 1944 gehörte auch der 37-jährige SS-Gruppenführer Hermann Fegelein als Himmlers Verbindungsmann dazu. Er war als Kommandeur eines SS-Reiterregiments für schwere Kriegsverbrechen an der Zivilbevölkerung in Weißrussland in den Jahren 1941/42 verantwortlich. Anfang Juni 1944 heiratete Fegelein Eva Brauns Schwester Gretl; es sollte das letzte Fest auf dem Berghof sein. Am 28. April 1945, nur zwei Tage vor seinem Selbstmord, ließ Hitler den SS-Offizier erschießen, weil er ihn verdächtigte, von Himmlers Verhandlungen mit Graf Folke Bernadotte über eine Teilkapitulation im Westen gewusst zu haben.

56. Wie verlief ein Tag auf dem Berghof? Der Tagesablauf auf dem Berghof unterlag einem strengen Ritual. In der Regel wurde Hitler erst zwischen 11 und 12 Uhr von seinem Diener geweckt. Das Frühstück nahm er allein in seinem Arbeitszimmer im ersten Stock ein. Danach begab er sich in die Große Halle, nahm die ersten Berichte seiner Adjutanten entgegen und empfing Besucher zu offiziellen Besprechungen. Währenddessen verbrachten die Gäste bei schönem Wetter die Stunden in zwangloser Geselligkeit auf der Terrasse.

Mit dem Erscheinen des Hausherrn veränderte sich die Atmosphäre schlagartig. Alle Anwesenden wirkten angespannt und bemüht, einen günstigen Eindruck zu machen. Hitler begrüßte die Damen mit Handkuss, den übrigen Gästen gab er die Hand und erkundigte sich nach ihrem Wohlergehen. Nach etwa einer halben Stunde meldete der Diener, es sei angerichtet. Hitler bot einer der Damen, die er zuvor als seine Tischnachbarin bestimmt hatte, seinen Arm. Die Sitzordnung war genau festgelegt: Hitler nahm den Platz in der Mitte der Tafel gegenüber der Fensterfront ein, zu seiner Rechten die Dame seiner Wahl, zu seiner Linken immer Eva Braun, die Hausherrin, neben ihr Martin Bormann, was seine herausgehobene Position am Hofe Hitlers unterstrich. Die Gespräche bei Tisch kreisten zumeist um banale Themen, wobei Hitler sehr oft seinem Hang zum Monolog nachgab.

Nach dem Mittagessen, das selten mehr als eine Stunde in Anspruch nahm, machte sich die Gesellschaft auf zu einem Spaziergang zum kleinen Teehaus auf dem Mooslahnerkopf. Der Weg dorthin dauerte etwa 20 Minuten. Hitler rief einen der Gäste an seine Seite – ein besonderer Gunstbeweis – und besprach mit ihm unter vier Augen wichtige politische Angelegenheiten. Im Teehaus nahm die Gesellschaft in bequemen Sesseln Platz, Eva Braun wieder an Hitlers linker Seite. Ordonnanzen reichten Kuchen und Getränke, und gelegentlich schlief der Diktator über seinen eigenen Monologen ein. Gegen 18 Uhr brach die Runde auf. Hitler ließ sich zurückfahren und zog sich für ein bis zwei Stunden in seine Privaträume zurück. Das Abendessen wurde zumeist gegen 20 Uhr serviert. Es vollzog sich nach gleichem Zeremoniell. Die Damen erschienen allerdings in festlicher Garderobe und hatten ein dezentes Make-up aufgelegt. Nach dem Essen ging Hitler zu weiteren Besprechungen in die Große Halle. Anschließend wurden Spielfilme gezeigt, wobei auch das Personal anwesend sein durfte. Der Tag wurde beschlossen durch eine nächtliche Plauderstunde am Kamin, die sich nicht selten bis in die frühen Morgenstunden ausdehnte. Erst wenn Hitler und Eva Braun sich zurückgezogen hatten, durften sich auch die Gäste zur Ruhe begeben.

Im Krieg diente die Alpenresidenz auch als Führerhauptquartier, wenn sich Hitler in seiner Eigenschaft als Oberbefehlshaber der Wehrmacht dort für kürzere oder längere Zeit aufhielt. Gegen 13 Uhr fand die erste Lagebesprechung statt. Nach dem Abendessen fanden sich die Militärs zur zweiten Lagebesprechung ein. Auf die Filmvorführung verzichtete der Diktator, weil sie ihm in Kriegszeiten nicht mehr passend erschien.

Bei Hitlers letztem Aufenthalt auf dem Obersalzberg von Ende Februar bis Mitte Juli 1944 veränderte sich der gewohnte Rhythmus. Fast täglich heulten die Sirenen, die Gäste mussten die inzwischen eingerichteten unterirdischen Schutzräume aufsuchen. Doch erst am 25. April 1945, nur wenige Tage vor Kriegsende, flog die britische Luftwaffe einen Angriff auf den Obersalzberg und richtete große Zerstörungen an. Auch der Berghof wurde schwer getroffen; was von ihm übrig geblieben war, zündeten SS-Männer bei ihrem Abzug an.

57. Welche Hobbys pflegte Hitler? Hitler verstand sich selbst als ein Künstler, den es unfreiwillig in die Politik verschlagen hatte. Dementsprechend waren seine Interessen und Vorlieben ausgeprägt. Als Erstes zu nennen ist die Begeisterung für die Architektur, der er bereits in den Wiener Jahren nachgegangen war. Aus den Briefen von Rudolf Heß wissen wir, dass er sich während seiner Landsberger Haft und in den Jahren danach intensiv mit Plänen zum Ausbau Berlins als Metropole eines neuen deutschen Reiches beschäftigte. Von Anfang an verrieten seine Bauprojekte einen Zug ins Monumentale. Nach 1933 sollte er in Albert Speer einen Gehilfen finden, der bereit war, sie in die Tat umzusetzen.

Neben der Architektur galt Hitlers Leidenschaft den bildenden Künsten, vor allem der Malerei. Dabei war sein Kunstgeschmack ganz konventionell. Die Moderne lehnte er ab; seine Vorliebe galt den italienischen Meistern des 16. Jahrhunderts und deutschen Malern des 19. Jahrhunderts wie Adolph von Menzel, Anselm Feuerbach oder Arnold Böcklin. Seit Ende der zwanziger Jahre begann er, Gemälde zu sammeln. Besondere Erwerbungen präsentierte er seinen Gästen in der Großen Halle des Berghofs mit sichtlichem Stolz. Im Krieg ließ er für sein Lieblingsprojekt, das geplante Führermuseum in Linz, Kunstwerke aus allen besetzten Ländern Europas zusammenrauben.

Unverändert seit der Linzer und Wiener Zeit blieb auch die Passion für die Musikdramen Richard Wagners. Als Reichskanzler reiste er Jahr für Jahr mit großem Gefolge nach Bayreuth, und er sorgte dafür, dass die chronisch defizitären Festspiele auf eine solide finanzielle Grundlage gestellt wurden. Zu seinem 50. Geburtstag am 20. April 1939 erhielt Hitler von der deutschen Industrie Wagner-Partituren zum Geschenk, die zuvor für 800 000 Reichsmark angekauft worden waren. (Sie gelten bis heute als verschollen.) Im Sommer 1940, nach dem Sieg über Frankreich, besuchte der Diktator den Grünen Hügel ein letztes Mal, um einer Aufführung der «Götterdämmerung» beizuwohnen. Unter den Werken anderer Komponisten schätzte Hitler besonders die Symphonien Anton Bruckners. Nach der Niederlage von Stalingrad 1943 verzichtete Hitler darauf, sich weiter Platten auflegen zu lassen.

Seit den zwanziger Jahren war Hitler auch ein begeisterter Kinogänger. Selbst in den höchst spannungsreichen Tagen vor dem 30. Januar 1933 nahm er sich die Zeit, um mit Goebbels den Luis Trenker-Film «Der Rebell» gleich zweimal anzusehen. Nach der Machtübernahme ließ er allabendlich in der Reichskanzlei und später auf dem Obersalzberg ein bis zwei Filme vorführen. Mit Beginn des Krieges brach er mit dieser Gewohnheit.

Schließlich war Hitler auch ein passionierter Autofahrer. Dabei blieb er der Firma Daimler-Benz treu, die ihm bereits zu Beginn seiner politischen Karriere bei der Anschaffung der ersten Autos entgegengekommen war. Jakob Werlin, der Filialleiter der Firma in München, zählte mit zur Entourage des «Führers» und war häufiger Gast auf dem Berghof. Hitler selbst konnte nicht fahren, er ließ sich chauffieren, nach der Entlassung von Emil Maurice 1928 von Julius Schreck und nach dessen Tod 1936 von Erich Kempka. Auf seinen Agitationsreisen vor der «Machtergreifung» legte der NSDAP-Vorsitzende viele Tausende Kilometer auf der Landstraße zurück. In den Wahlkämpfen des Jahres 1932 benutzte er zum ersten Mal das Flugzeug. Doch im Unterschied zum Autofahren bereitete ihm das Fliegen keinen Spaß. Im Gegenteil: Er besaß eine ausgesprochene Flugangst, die er vor seiner Umgebung nur mühsam verbergen konnte.

58. Welche Bücher las Hitler? Wie las er? Schon August Kubizek, dem Jugendfreund aus Linzer und Wiener Tagen, fiel Hitlers Lesehunger auf. «Bücher, immer nur Bücher! Ich kann mir Adolf gar nicht ohne Bücher vorstellen. Bücher waren seine Welt.» Das autodidaktische Studium half dem lernbegierigen jungen Mann, der die Schule abgebrochen hatte, seine Bildungsdefizite zu kompensieren. Aus den Büchern bezog er das Wissen auf den verschiedensten Gebieten, mit dem er später immer wieder verblüffen konnte. Auch als Reichskanzler blieb Hitler ein eifriger Leser. Mindestens einen Band pro Nacht, behauptete er, habe er sich vorgenommen.

Wie viele Jugendliche seiner Zeit verschlang der junge Hitler die Werke Karl Mays, und auch später griff er immer mal wieder nach einem Band. Auch mit Büchern zur Architektur- und Kunstgeschichte beschäftigte er sich schon in seiner Wiener Zeit. Im Weltkrieg will er fünf Bände Schopenhauer in seinem Tornister mitgeschleppt haben. Wie intensiv er sich mit dem Werk des Philosophen auseinandergesetzt hat, wissen wir nicht. Eingehend aber befasste er sich mit einer Architekturgeschichte Berlins, verfasst von dem Kunstkritiker Max Osborn. Sie diente ihm während seiner Urlaube im Oktober 1917 und September 1918 als Führer durch die Sehenswürdigkeiten der Reichshauptstadt.

In den frühen zwanziger Jahren hat Ernst Hanfstaengl Hitlers Bücherregal in seinem Zimmer in der Thierschstraße inspiziert und will darin unter anderem entdeckt haben: Heinrich von Treitschkes «Deutsche Geschichte des 19. Jahrhunderts», Clausewitz' «Vom Kriege», die populäre Biografie Friedrichs des Großen von Franz Kugler, eine Wagner-Biographie von Houston Stewart Chamberlain, die «Schönsten Sagen des Klassischen Altertums» von Gustav Schwab, Sven Hedins Erinnerungen und die «Deutsche Geschichte» von Einhart, dem Pseudonym des Vorsitzenden des Alldeutschen Verbandes Heinrich Claß. Demnach interessierte sich Hitler mehr für historisch-politische Literatur als für Belletristik. Immerhin besaß er «Shakespeares Gesammelte Werke» in einer Ausgabe von 1925, die er in seinem Arbeitszimmer im Berghof aufbewahrte.

In den ersten Jahren seiner politischen Karriere eignete sich Hitler auch eine umfassende Kenntnis der völkisch-antisemitischen Literatur an, darunter Houston Stewart Chamberlains «Die Grundlagen des 19. Jahrhunderts» (1899), Theodor Fritschs «Handbuch der Judenfrage» (1878), Julius Langbehns «Rembrandt als Erzieher» (1890), die deutsche Übersetzung von Henry Fords «Der internationale

Jude», die 1922 herauskam, und Hans F. K. Günthers «Rassekunde des deutschen Volkes» (in 3. Auflage von 1923 mit persönlicher Widmung Hitler überreicht). Spuren dieser Werke finden sich auch in «Mein Kampf». Im Januar 1926 schickte ihm Ernst Jünger sein Buch «Feuer und Blut» ebenfalls mit persönlicher Widmung: «Dem nationalen Führer Adolf Hitler!» Der bedankte sich überschwänglich: «Ihre Schriften habe ich alle gelesen. In ihnen lernte ich einen der wenigen starken Gestalter des Fronterlebnisses schätzen.»

Auf über 16 000 Bände wird Hitlers Privatbibliothek geschätzt. Nur einen Teil, etwa 3000 Bände, entdeckten US-Soldaten im Frühjahr 1945 in einer Salzmine in der Nähe von Berchtesgaden. Davon gelangten 1200 in den fünfziger Jahren in die Library of Congress in Washington. Dort hat sie der amerikanische Historiker und Journalist Timothy W. Ryback einer gründlichen Untersuchung unterzogen, und zwar nicht nur unter der Frage, *was* Hitler las, sondern auch, *wie* er las («Hitlers Bücher», 2010). In seinem Exemplar der 1934 neu aufgelegten «Deutschen Schriften» des Judenhassers Paul de Lagarde zum Beispiel versah Hitler über 100 Seiten mit Unterstreichungen, senkrechten Strichen am Rand, Ausrufe- und nur selten Fragezeichen. Daraus lässt sich schließen: Die Lektüre sollte Hitler nicht zu neuen Erkenntnissen verhelfen, sondern ihn in seinen Überzeugungen bestärken. Er suchte nach Mosaiksteinen, die in das vorgegebene Weltbild eingepasst werden konnten. Der Vielleser speicherte in seinem Gedächtnis ab, was er für seine Zwecke gebrauchen konnte; das andere vergaß er rasch.

59. War Hitler in seiner privaten Lebensführung ein Asket? In der Hitler-Literatur hält sich hartnäckig das Bild vom freudlosen Asketen, der zu jedem Genuss unfähig gewesen sei. Dass er kein Fleisch aß, nicht rauchte und kaum Alkohol trank, scheint das Klischee zu bestätigen. Doch Hitlers vermeintliche Anspruchslosigkeit war inszeniert; sie war Teil seiner Selbststilisierung zum «schlichten Mann aus dem Volk». Schon seine Vorliebe für das jeweils neueste und teuerste Mercedes-Modell – in späteren Jahren von den Firmenherren in Stuttgart beflissen bereitgestellt –, seine 1929 bezogene große Neunzimmerwohnung im Münchner Nobelviertel Bogenhausen, seine kostspieligen Aufenthalte im Berliner Hotel Kaiserhof vor 1933, schließlich seine Alpenresidenz auf dem Obersalzberg widersprechen diesem Bild. Hitler schätzte Luxus. Sogar für seine Garderobe betrieb er nur scheinbar keinen großen Aufwand. «Meine Umgebung muß großartig wirken. Dann wirkt meine Einfachheit umso auffallender.»

Im Bundesarchiv Berlin-Lichterfelde befinden sich in einem Aktenkonvolut unter anderem auch Rechnungen der Schneiderwerkstätte Michael Werner in München, wo Hitler sich seine Zivilanzüge maßschneidern ließ, darunter eine Rechnung vom Dezember 1931 über einen Frackanzug, einen Cut, einen Teeanzug, einen Mantel, zwei Hosen und zwei weiße Hemden – immer «bestes und feinstes Material» – in Höhe von 1340 Reichsmark. Das ist eine Summe, die heute etwa 5600 Euro entspräche. Der Mann lebte schon vor 1933 auf großem Fuß.

60. Welche Einkünfte bezog Hitler? Hitlers pekuniäre Verhältnisse in den Jahren seines politischen Aufstiegs sind recht undurchsichtig. Er selbst sagte im Januar 1921 vor Gericht aus, dass er für seine Tätigkeit als Werbeobmann der NSDAP kein Gehalt beziehe; er lasse sich jedoch seine Vorträge außerhalb der Partei, etwa für den Völkischen Schutz- und Trutzbund, honorieren. Ob er aber allein von diesen Einkünften leben konnte, erscheint zweifelhaft. Sicher ist, dass Hitler schon vor dem Putsch von 1923 immer wieder Zuwendungen von Gönnern wie den Bechsteins und Sympathisanten aus dem Umfeld der völkischen Rechten bezogen hat. Auch nach seiner Entlassung aus der Landsberger Haft blieb er auf die Unterstützung von Privatleuten angewiesen. Erst mit den hochschnellenden Verkaufszahlen von «Mein Kampf» seit 1929/30 wurde er finanziell unabhängig. Von nun an konnte er die steigenden Ausgaben für Privatsekretär, Chauffeur, für die Münchner Wohnung und das Domizil auf dem Obersalzberg aus eigenen Mitteln bestreiten. «Mein Kampf» machte Hitler zu einem reichen Mann. Sein Vermögen verwaltete Max Amann, der Chef des parteieigenen Eher-Verlages, für ihn.

Mit großer Geste konnte Hitler Anfang Februar 1933 bekannt geben, er verzichte auf das Gehalt des Reichskanzlers. Tatsächlich nahm er den Verzicht ein Jahr später stillschweigend zurück, und nach dem Tod Hindenburgs Anfang August 1934 kassierte er auch noch das Gehalt des Reichspräsidenten und zusätzlich eine jährliche Aufwandsentschädigung. Im Dezember 1934 wurde der Diktator «steuerfrei» gestellt; seine beträchtlichen Steuerschulden musste er nicht mehr begleichen.

Von 1937 an sprudelte eine weitere Geldquelle: Am Verkauf der Briefmarken mit seinem Konterfei war Hitler prozentual beteiligt; die Einnahmen summierten sich Jahr für Jahr zu zweistelligen Millionenbeträgen. Noch einträglicher war die «Adolf-Hitler-Spende der deutschen Wirtschaft», die im Juni 1933 auf Anregung des Essener Industriellen Gustav Krupp von Bohlen und Halbach eingeführt wurde. Danach entrichteten die Arbeitgeber vierteljährlich eine Spende in Höhe von einem halben Prozent ihrer betrieblichen Lohn- und Gehaltskosten des jeweiligen Vorjahres – einen Betrag, den sie von der Steuer absetzen konnten. Das Geld floss in einen Privatfonds, über den Hitler wiederum nach Gutdünken verfügen konnte.

61. Wie stand es um Hitlers Gesundheit? Hitler war sehr besorgt um seine Gesundheit. Stets fürchtete er, wie seine Eltern nicht sehr alt zu werden und seine politischen Pläne nicht mehr selbst verwirklichen zu können. «‹Wenn ich nicht mehr bin!› Das ist seine stehende Formel. Wie grauenhaft, das auszudenken», notierte Joseph Goebbels bereits im Februar 1927. Auch nachdem Hitler an die Macht gekommen war, ließ er immer wieder verlauten, er werde nicht mehr lange leben. Dabei erfreute er sich, wie sein Begleitarzt bezeugt hat, einer durchaus robusten Gesundheit, die ihn auch größere körperliche Anstrengungen, wie die ständigen Wahlkampfauftritte des Jahres 1932, mühelos bewältigen ließ.

Im Frühjahr 1935 litt Hitler an starker Heiserkeit; er fürchtete, wie einst der 99-Tage-Kaiser Friedrich III. an Kehlkopfkrebs erkrankt zu sein. Die Geschwulst an einem Stimmband, die der Direktor der Hals-, Nasen- und Ohrenklinik in der Berliner Charité, Professor Carl von Eicken, im Mai entfernte, erwies sich jedoch als gutartig. Ein Jahr später, in den spannungsreichen Monaten nach dem Einmarsch ins entmilitarisierte Rheinland, klagte Hitler über starke Magenbeschwerden. Die Therapie, die ihm Theodor Morell verordnete, schlug an, und seitdem schwor der Diktator auf die medizinischen Fähigkeiten seines Leibarztes.

Auch in den ersten beiden Kriegsjahren war Hitler gesundheitlich gut in Form, und für Morell gab es nicht viel zu tun. Erstmals ernsthaft erkrankte er im August 1941 – zu einem Zeitpunkt, als sich das

Scheitern des «Unternehmens Barbarossa» gegen die Sowjetunion abzuzeichnen begann. Auch in den folgenden Jahren blieb die physische und psychische Verfassung des Obersten Befehlshabers in starkem Maße von der Entwicklung der Lage auf den Kriegsschauplätzen abhängig. Schwächeanfälle und Erschöpfungszustände häuften sich, je mehr sich das Blatt zuungunsten Deutschlands wendete.

Ende September 1944, nach dem überstandenen Attentat vom 20. Juli, bei dem er nur leicht verletzt worden war, erlitt Hitler einen gesundheitlichen Zusammenbruch. Morell verabreichte seinem Patienten eine Vielzahl verschiedener Medikamente, darunter auch Aufputschmittel, um ihn arbeitsfähig zu halten. Die immer wieder und zuletzt von Norman Ohler («Der totale Rausch», 2015) vorgetragene These, der Diktator sei durch seinen Leibarzt drogenabhängig gemacht worden, lässt sich freilich nicht belegen. Hitlers körperlicher Verfall hatte weniger mit dem übermäßigen Medikamentenkonsum zu tun als mit seiner ungesunden Lebensweise, vor allem dem Mangel an Bewegung.

Im August 1941 war zum ersten Mal ein Zittern der linken Hand aufgetreten, das sich nach der Niederlage von Stalingrad 1943 verstärkte und auf den ganzen linken Arm und das linke Bein übergriff. Medizinhistoriker sind sich heute weitgehend einig, dass Hitler an einem Parkinson-Syndrom litt, das von Morell nicht erkannt wurde. Hitlers geistige Leistungsfähigkeit wurde durch diese Erkrankung allerdings nicht beeinträchtigt. Im November 1944 ließ er sich ein zweites Mal von Professor von Eicken am Stimmband operieren. Wieder erwies sich der entfernte Polyp als gutartig. In den letzten Kriegswochen beschleunigte sich der körperliche Verfall des Diktators rasant. Am Ende war er nur noch ein durch die unterirdische Bunkerwelt schlurfendes Wrack.

62. Wie hielt es Hitler mit der Religion? Hitler war im katholischen Milieu aufgewachsen. Im Benediktinerkloster zu Lambach hatte er sich als Sängerknabe geübt und sich, wie er im ersten Band von «Mein Kampf» schrieb, «oft am feierlichen Prunke der äußerst glanzvollen kirchlichen Feste» berauscht. Die Firmung fand Pfingsten 1904 im Linzer Dom statt. Allerdings hat der Fünfzehnjährige diese Zeremonie, nach späterem Bekunden, nur mit einigem Widerwillen über sich ergehen lassen. Förmlich aus der Kirche ausgetreten ist Hitler jedoch zeitlebens nicht. Aber ein gläubiger Christ war er wohl nie. Wenn Hitler an etwas glaubte, dann zuallererst an sich selbst, an seine Sendung, die ihm durch «die Vorsehung» aufgegeben worden sei.

Dementsprechend inszenierte sich der Nationalsozialismus als politische Religion, präsentierte sich der «Führer» als der vom «Allmächtigen» gesandte Messias, der das deutsche Volk von allen Übeln erlösen würde. Der Sakralisierung seiner Person entsprach die Überhöhung der Partei zu einer «Glaubensgemeinschaft» und des Parteiprogramms zu einem «Glaubensbekenntnis». In seinen Reden, besonders ihren Schlussapotheosen, griff Hitler gern auf religiöses Vokabular zurück – etwa wenn er, wie in der Kundgebung im Sportpalast am 10. Februar 1933, mit dem Ruf «Amen!» endete. Besonders in seinen Weihnachtsbotschaften berief er sich gern auf Jesus Christus als das Vorbild für sich und seine engsten Gefolgsleute, seine «Jünger». Wie Jesus die wucherischen Händler aus dem Tempel vertrieben habe, so werde er das internationale jüdische Finanzkapital aus Deutschland hinausjagen.

Andererseits vertrat Hitler den Grundsatz der Neutralität seiner Bewegung gegenüber den beiden christlichen Konfessionen. Punkt 24 des Parteiprogramms legte fest: «Die Partei als solche vertritt den Standpunkt eines positiven Christentums, ohne sich konfessionell an ein bestimmtes Bekenntnis zu binden.» Deshalb wandte er sich auch nach der Neugründung der NSDAP im Februar 1925 gegen alle Versuche, religiösen Streit in die Bewegung hineinzutragen. Der thüringische Gauleiter Artur Dinter, der sich nicht an das Verbot hielt, sondern die Schaffung einer völkischen Religion propagierte, wurde 1927 seines Amtes enthoben.

Nach dem 30. Januar 1933 trat Hitler zunächst im Gewande eines christlichen Staatsmannes auf, der es darauf abgesehen habe, gemeinsam mit den christlichen Konfessionen das Werk der nationalen Wiedergeburt zu vollbringen. Sein langfristiges Ziel blieb freilich, die Kirchen dem weltanschaulichen Totalitätsanspruch des Nationalsozialismus zu unterwerfen. Allerdings wusste Hitler, dass er dieses Ziel nicht mit Brachialgewalt erreichen konnte, wenn er nicht große Teile der Bevölkerung gegen sich aufbringen wollte. Deshalb verfolgte er eine Doppelstrategie: einerseits mit der katholischen und protestantischen Kirche zu einem *modus vivendi* zu gelangen, und andererseits oppositionelle Priester und Pastoren mit Repressalien zu belegen. Die entscheidende Auseinandersetzung mit den Kirchen sollte der Zeit nach dem siegreichen Krieg vorbehalten bleiben.

63. Welche Sprachen beherrschte Hitler? Als Realschüler in Linz und Steyr hatte Hitler einige Jahre Französischunterricht. Allerdings waren seine Leistungen gerade in diesem Fach sehr mäßig. Immerhin konnte er seine, wenn auch rudimentären, Kenntnisse nutzen, um sich als Gefreiter an der Westfront 1914 bis 1918 bei Kontakten mit Franzosen einigermaßen zu verständigen. Die englische Sprache hat Hitler nie beherrscht. In den zwanziger Jahren, nach der Entlassung aus der Landsberger Haft, bemühte sich Ernst Hanfstaengl, der in Harvard studiert hatte und perfekt Englisch sprach, Hitler für den Gedanken zu erwärmen, die fremde Sprache zu erlernen. Obwohl er sich selbst anbot, den NSDAP-Vorsitzenden zu unterrichten, blieb dieser bei seiner Ablehnung: «Meine Sprache ist Deutsch, und die genügt mir.» Für Verhandlungen mit ausländischen Diplomaten und Staatsgästen nach 1933 benötigte Hitler einen Dolmetscher. Seit März 1935 übernahm Paul Schmidt, Mitarbeiter im Auswärtigen Amt, diese Aufgabe. In seinen Erinnerungen «Statist auf diplomatischer Bühne» (1950) hat er ausführlich darüber berichtet.

64. Warum wählte sich Hitler gerade Albert Speer zu seinem Lieblingsarchitekten? Im Januar 1934 starb der Münchner Architekt Paul Ludwig Troost, den Hitler bereits 1930 für den Umbau des Palais Barlow am Königsplatz zum Braunen Haus engagiert und nach seiner Ernennung zum Reichskanzler mit der Modernisierung der Berliner Reichskanzlei in der Wilhelmstraße beauftragt hatte. An seine Stelle rückte der erst 28-jährige Albert Speer, der Sohn eines Mannheimer Architekten, der nach dem Besuch einer Hitler-Versammlung im März 1931 in die NSDAP eingetreten war.

Über die Gründe, warum Hitler gerade Speer zu seinem neuen Vorzugsarchitekten erkor, ist viel spekuliert worden. Offenbar erkannte der Diktator in Speer nicht nur das architektonische und organisatorische Talent, das ihm bei der Verwirklichung seiner Baupläne zu Diensten sein würde, sondern auch eine Verkörperung all dessen, was er sich selbst in jungen Jahren als künftiger «Baumeister des Reiches» erträumt hatte. Dass dabei auch «ein stark erotisches

Element» im Spiel gewesen sei, wie Joachim Fest vermutet hat, ist möglich, lässt sich aber, wie bei allen Hitlers Gefühlsleben betreffenden Aussagen, nicht beweisen.

Speer genoss es, in der Gunst des mächtigen Mannes zu stehen. Dass er gar keine andere Wahl gehabt habe, als die ihm gebotene traumhafte Chance zu ergreifen und sich wie Faust dem Mephisto zu verschreiben, gehörte nach 1945 zum sorgsam gepflegten Selbstbild. Doch so hilflos, wie er es später darstellte, war Speer den Verführungskünsten des Diktators keineswegs ausgeliefert gewesen. Vielmehr hatte er sich von vornherein empfänglich gezeigt für dessen gigantomanische Bauprojekte und musste von deren Zweckmäßigkeit gar nicht erst überzeugt werden. Im Herbst 1934 beauftragte Hitler Speer mit der Gesamtplanung für das Nürnberger Reichsparteitagsgelände. Keines der dort geplanten Großbauwerke – weder die Kongresshalle noch das Deutsche Stadion – sollten jemals beendet werden. Bei Kriegsbeginn wurden die Arbeiten eingestellt.

Das Gleiche galt für die in ihren Dimensionen noch gewaltigeren Planungen für den Umbau Berlins zur «Welthauptstadt Germania», mit dem Speer, seit Januar 1937 «Generalbauinspektor für die Reichshauptstadt», betraut wurde. Die Nord-Süd-Achse, das Prunkstück, sollte 120 Meter breit und sieben Kilometer lang sein. Ein riesiger Triumphbogen und eine noch riesigere Kuppelhalle sollten das Werk krönen und die Augen der Besucher magisch auf sich ziehen. Fertiggestellt wurde jedoch vor dem Krieg nur die Neue Reichskanzlei an der Voßstraße, die Speer in Rekordzeit von nur wenigen Monaten erbauen ließ. Bei der Einweihung am 9. Januar 1939 pries der Diktator vor 8000 Arbeitern im Berliner Sportpalast die Neue Reichskanzlei als «das erste Bauwerk des neuen großen deutschen Reiches».

VII. Der Weg in den Zweiten Weltkrieg

65. Welche Ziele verfolgte Hitler in der Außenpolitik? Seit Beginn seiner politischen Karriere hatte Hitler nie einen Hehl daraus gemacht, dass er, einmal an der Macht, den Versailler Vertrag, der von ihm wie von der gesamten Rechten als «Schandfrieden» gebrandmarkt wurde, so rasch wie möglich außer Kraft setzen wollte. «Öfter hat kein Mensch erklärt und kein Mensch niedergeschrieben, was er will, als ich es getan habe», erklärte er rückblickend in seiner Rede zum 30. Januar 1942, «und ich schrieb immer wieder: Beseitigung von Versailles.» Die grundlegende Revision der Nachkriegsordnung von 1919/20 stellte jedoch in seinen außenpolitischen Überlegungen nur ein Etappenziel dar. Bereits in «Mein Kampf» hatte er das darüber hinausgehende Projekt der Eroberung von «Lebensraum im Osten» ins Auge gefasst. Seit er im Herbst 1926 die Arbeit am zweiten Band beendet hatte, zog sich die «Raumfrage» als Dauerthema durch seine Reden. Im November 1927 griff er den Titel eines vielgelesenen Buches des völkischen Schriftstellers Hans Grimm aus dem Jahr 1926 auf, als er ausrief: «Wir sind ein Volk ohne Raum.»

Im Sommer 1928 nutzte Hitler einen Aufenthalt auf dem Obersalzberg, um seine außenpolitischen Ansichten noch einmal in größerem Zusammenhang darzulegen. Das 234 Seiten umfassende Manuskript, das er schließlich nicht zur Veröffentlichung freigab, hat der amerikanische Historiker Gerhard L. Weinberg im Jahr 1961 unter dem Titel «Hitlers Zweites Buch» herausgegeben. Darin entwickelte Hitler die grundsätzlichen Gedankengänge, wie er sie in seinen Reden immer wieder vorgetragen hatte: Oberster Grundsatz im «Lebenskampf eines Volkes» müsse sein, für ein ausgeglichenes Verhältnis zwischen Bodenfläche und Bevölkerung zu sorgen. Die Kunst der Außenpolitik bestehe demnach darin, dem Volk den «jeweils notwendigen Lebensraum» zu sichern. Das einzige Gebiet, das für eine solche raumgreifende «Bodenpolitik» in Frage komme, liege «im Osten». Schon aus diesem Grund sei, versicherte Hitler, ein Bündnis mit dem bolschewistischen Russland ausgeschlossen. Stattdessen sollte Deutschland versuchen, mit Italien und England zusammenzugehen.

Dass Hitler das axiomatisch festgelegte Ziel der Expansion Richtung Osten nach der Machtübernahme keineswegs aus dem Blick verlor, wurde bereits bei seinem ersten Auftritt vor den Befehlshabern von Heer und Marine am Abend des 3. Februar 1933 deutlich. Hier sprach er von der «Eroberung neuen Lebensraums im Osten und dessen rücksichtsloser Germanisierung» als von der erstrebenswerten Zukunftsperspektive, wenn erst einmal der Versailler Vertrag beseitigt, die militärische Aufrüstung beendet und Deutschlands Großmachtstellung wiederhergestellt sein würden. Darüber, dass die anwesenden Militärs Bedenken gegen diese Pläne angemeldet hätten, ist nichts bekannt. Einer der Teilnehmer, Admiral Erich Raeder, hat vielmehr nach 1945 bezeugt, Hitlers Rede habe «außerordentlich befriedigend auf sämtliche Zuhörer» gewirkt. Ob allerdings die versammelte Generalität zu diesem Zeitpunkt bereits realisierte, dass in Hitlers Ankündigung die Möglichkeit eines rassenideologischen Vernichtungskrieges gegen die Sowjetunion in bislang unbekannter verbrecherischer Dimension angelegt war, ist wohl eher zu bezweifeln.

66. Wie ging Hitler vor, um seine außenpolitischen Ziele zu erreichen? In den ersten Jahren seiner Regierung war Hitler zu einem vorsichtigen Taktieren gezwungen. Denn er musste damit rechnen, dass Frankreich die forcierte deutsche Wiederaufrüstung nicht stillschweigend hinnehmen würde, sie womöglich gar mit einem Präventivschlag beantworten könnte. Deshalb war der deutsche Reichskanzler bemüht, seine expansiven Absichten zu verschleiern und die übrigen europäischen Mächte durch demonstrative Gesten seines Friedenswillens einzulullen. Diesem Zweck diente unter anderem seine erste große außenpolitische Rede vor dem Reichstag am 17. Mai 1933. Er unterstrich darin Deutschlands Wunsch nach voller Gleichberechtigung, verwarf aber gleichzeitig jeden Gedanken an Krieg und Gewalt. Die Rolle des scheinbar gemäßigten, verständigungsbereiten Politikers spielte er so überzeugend, dass selbst die durch Verfolgung bereits dezimierte SPD-Reichstagsfraktion der Regierungserklärung zustimmte. Auch im Ausland ließ man sich täuschen. «Gestern hat man zum ersten Male den Staatsmann Hitler gesehen», kommentierte die Londoner «Times».

Wie wenig Hitlers Reden zu trauen war, zeigte sich aber bereits Mitte Oktober 1933, als er Deutschlands Austritt aus dem Völkerbund verkündete und damit der in Genf tagenden Abrüstungskonferenz den Todesstoß versetzte. Die hier zum ersten Mal praktizierte doppelgleisige Strategie – einerseits ohne Rücksicht auf bestehende Abmachungen vollendete Tatsachen zu schaffen, andererseits aber die damit verbundenen Risiken durch vernebelnde Rhetorik und lockende Angebote zu begrenzen – wandte Hitler auch bei seinen außenpolitischen Überraschungscoups in den folgenden Jahren an: bei der Wiedereinführung der allgemeinen Wehrpflicht am 16. März 1935 und dem Einmarsch deutscher Truppen in die entmilitarisierte Zone des Rheinlands am 7. März 1936. Mit diesen beiden jeweils an einem Wochenende durchgeführten Aktionen war das Versailler Vertragswerk in seinem Kern außer Kraft gesetzt. Sein erstes Etappenziel hatte Hitler erreicht, ohne auf entschiedene Gegenwehr gestoßen zu sein.

67. Warum schloss Hitler Anfang 1934 einen Nichtangriffspakt mit Polen? Am 26. Januar 1934 gaben das Deutsche Reich und Polen den Abschluss eines Nichtangriffspakts bekannt. Er sollte zehn Jahre gültig sein und beide Seiten verpflichten, sich über alle Streitfragen friedlich zu verständigen. Dieser Schritt, den Hitler selbst eingefädelt hatte, erregte einiges Aufsehen. Denn er bedeutete allem Anschein nach einen Bruch mit der Ostpolitik aller Kabinette der Weimarer Republik, die sich mit den im Versailler Vertrag verfügten Gebietsabtretungen an Polen, insbesondere mit der Existenz des Korridors, der das Reich und Ostpreußen voneinander trennte, niemals abgefunden hatten.

Nicht Sympathie mit dem autoritären Regime des Marschalls Jozef Pilsudski, sondern nüchternes machtpolitisches Kalkül bestimmte Hitler bei seinem Kurswechsel. Mit dem deutsch-polnischen Nichtangriffspakt wurde ein wichtiger Eckstein aus dem französischen Sicherheitssystem in Osteuropa, dem *cordon sanitaire*, herausgebrochen. Zugleich bot das Arrangement mit Polen Hitler die Gelegenheit, seine immer wieder beteuerte Friedensliebe unter Beweis zu stellen. Allerdings war mit dem Gewaltverzicht keine Anerkennung der territorialen Integrität Polens, also ein «Ost-Locarno», verbunden. Eine Revision der bestehenden Grenzen in Osteuropa verlor der deutsche Diktator als künftiges Ziel seiner Außenpolitik nie aus dem Blick, auch wenn er sich vorerst hütete, darüber öffentlich etwas verlauten zu lassen.

In seiner Reichstagsrede vom 28. April 1939 kündigte Hitler den Nichtangriffspakt mit Polen unter dem Vorwand, der östliche Nachbar habe dadurch, dass er sich mit Großbritannien verbündete, das Abkommen von 1934 einseitig verletzt. Zu diesem Zeitpunkt war der Reichskanzler bereits entschlossen, Polen spätestens im Herbst 1939 anzugreifen.

68. Inwieweit war Hitler in den Putsch österreichischer Nationalsozialisten vom Juli 1934 involviert? Seit dem 30. Januar 1933 witterten auch die Nationalsozialisten in Österreich Morgenluft. Zunehmend ungeduldiger drängten sie auf einen Anschluss an das Deutsche Reich und wurden darin von ihrer Schwesterpartei, der NSDAP, massiv unterstützt. Doch Österreichs Bundeskanzler Engelbert Dollfuß durchkreuzte das Vorhaben. Im März 1933 schaltete er das Parlament aus und begann mit dem Aufbau eines autoritär-christlichen Ständestaates. Um die österreichische Unabhängigkeit vom Nachbarn im Norden zu bewahren, suchte er Anlehnung an das faschistische Italien. Gegen die zunehmend aggressiver auftretende Nazi-Bewegung verhängte das Dollfuß-Regime im Juni 1933 ein Betätigungsverbot. Die meisten NS-Führer Österreichs setzten sich nach Deutschland ab, von wo aus sie Terroranschläge im Alpenland organisierten.

Am 24. Juli 1934 putschten die österreichischen Nationalsozialisten. Männer einer Wiener SS-Standarte drangen in das Bundeskanzleramt am Ballhausplatz ein, verletzten Dollfuß so schwer, dass er kurz darauf starb, und bemächtigten sich des Sendehauses des österreichischen Rundfunks. Doch schon am Abend konnte der Putsch niedergeschlagen werden. Der bisherige Justiz- und Unterrichtsminister Kurt Schuschnigg bildete eine neue Regierung und ließ einige der Putschisten verhaften.

Lange Zeit war umstritten, welche Rolle Hitler beim Putsch in Österreich gespielt hat. Erst die Veröffentlichung der Tagebuchaufzeichnungen von Joseph Goebbels (Teil I, Band 3/I aus dem Jahr 2005) hat hier für eine Klärung gesorgt. Danach ist kein Zweifel mehr möglich, dass Hitler von dem Unternehmen nicht nur gewusst, sondern es auch ausdrücklich gebilligt und gefördert hat. Der Reichskanzler hielt sich in den kritischen Tagen bei den Wagner-Festspielen in Bayreuth auf. Am 22. Juli, drei Tage vor Beginn des

Putsches, beorderte er den Landesinspekteur der österreichischen NSDAP, Theodor Habicht, den Chef der österreichischen SA, Hermann Reschny, und den ehemaligen SA-Chef in Deutschland, Franz Pfeffer von Salomon, nach Bayreuth und besprach die Einzelheiten der bevorstehenden Aktion. Zuvor hatte er Generalmajor Walter von Reichenau, Chef des Wehrmachtsamtes im Reichswehrministerium, empfangen, was darauf hindeutet, dass auch die Reichswehrführung informiert wurde. Goebbels hielt anschließend in seinem Tagebuch fest: «Sonntag: beim Führer (...) Gen. von Reichenau, dann Pfeffer, Habicht, Reschny. Österreichische Frage. Ob es gelingt? Ich bin skeptisch.»

Am Abend des 25. Juli, während im Festspielhaus Wagners «Rheingold» aufgeführt wurde, erreichten die NS-Führung die ersten Nachrichten vom Scheitern des Putsches. Hitler und Goebbels waren in den folgenden Stunden vollauf damit beschäftigt, ihre Verwicklung in den Putsch zu leugnen und zu vertuschen. Landesinspekteur Habicht wurde von seinem Posten abberufen, desgleichen der bisherige Botschafter in Wien. An seiner Stelle wurde Vizekanzler Franz von Papen in die österreichische Hauptstadt entsandt. Er sei, schmeichelte ihm Hitler, «der einzige Mann, der die verfahrene und gefährliche Situation wieder normalisieren» könne. Der Versicherung der deutschen Regierung, sie habe von den Ereignissen im Nachbarland keine Ahnung gehabt, schenkte man in Rom zu Recht keinen Glauben. Mussolini ließ zwei Divisionen an der Brennergrenze aufmarschieren – eine Drohgebärde, die in Berlin die Furcht vor einer Intervention der Großmächte weckte. Hitler zog aus dem gescheiterten Putsch die Lehre, dass er künftig in der Anschlussfrage vorsichtiger operieren und auf einen günstigeren Zeitpunkt warten musste.

69. Warum beantworteten die Westmächte Hitlers Politik der Vertragsbrüche nicht mit einer militärischen Intervention? Von allen außenpolitischen Manövern Hitlers nach 1933 war die Besetzung des entmilitarisierten Rheinlands im März 1936 zweifellos die risikoreichste. Der Diktator war sich dessen durchaus bewusst. Nach glaubwürdigem Zeugnis hat er später die Stunden nach dem Einmarsch als «die aufregendste Zeitspanne» in seinem Leben bezeichnet. Hätten Frankreich und England diesen klaren Bruch des

Versailler Vertrages mit militärischen Gegenmaßnahmen beantwortet, wäre Hitlers Herrschaft vermutlich beendet gewesen. Stattdessen beließen sie es, wie schon im März 1935 bei der Einführung der allgemeinen Wehrpflicht, auch diesmal bei verbalen Protesten.

Für diese Zurückhaltung gab es mehrere Gründe: Zum einen unterlagen die Westmächte, wie schon zuvor die konservativen Bündnispartner der Nationalsozialisten, einer prinzipiellen Fehleinschätzung Hitlers. Sie glaubten, ihn in seinem Aggressionsdrang zähmen und das nationalsozialistische Deutschland in ein System der kollektiven Sicherheit einbinden zu können. Unter dem seit Mai 1937 amtierenden britischen Premierminister Neville Chamberlain bürgerte sich für die Politik der Beschwichtigung der Begriff *appeasement* ein. Mit seinen auf Täuschung und Verblüffung angelegten außenpolitischen Manövern kam Hitler solchen Illusionen entgegen.

Zum anderen sahen sich sowohl Frankreich als auch England durch die Auswirkungen der Weltwirtschaftskrise, die sie vor große wirtschaftliche und gesellschaftliche Probleme stellte, in ihren außenpolitischen Handlungsmöglichkeiten beeinträchtigt. Hinzu kam, dass sich in beiden demokratischen Staaten nach dem Ersten Weltkrieg starke pazifistische Strömungen bemerkbar gemacht hatten, die jeden Gedanken an einen neuen Krieg in Europa geradezu als verwerflich erscheinen ließen. Für eine Politik verstärkter Aufrüstung, um NS-Deutschland auf diesem Feld Paroli bieten zu können, gab es in der Öffentlichkeit der Westmächte nur wenig Verständnis.

Zugute kam Hitler schließlich auch, dass unter den bürgerlichen politischen Eliten Westeuropas die Furcht vor dem Kommunismus verbreitet war. Indem er sich als Vorkämpfer gegen das bolschewistische Russland präsentierte, konnte der deutsche Diktator manche Vorbehalte im Westen gegen seine Person und sein Regime ausräumen. Die Sympathien gerade bei Angehörigen der britischen Oberschicht für Hitler waren nicht zuletzt auf diesen Umstand zurückzuführen. Geradezu hymnisch feierte der britische Medienmogul Lord Harold Harmsworth Rothermere nach einem Besuch in der Reichskanzlei im Dezember 1934 in seinem Blatt «Daily Mail» Hitlers Taten: «Welcher Zauber hat die Hoffnung in den deutschen Herzen wiederbelebt (...) und dieses mächtige Land derart elektrisiert, daß man sich wie in einem richtigen Kraftwerk vorkommt? Hitler. Das ist die ganze Antwort.» Nicht weniger überschwänglich äußerte sich der ehemalige britische Luftfahrtminister, Lord Charles Stewart Henry Londonderry, nach einem Empfang bei Hitler im Februar 1936, und Lady Londonderry schrieb dem Reichskanzler: «Zu sagen, daß ich tief beeindruckt bin, trifft die Sache nicht. Ich bin erstaunt. Sie und Deutschland erinnern mich an die Schöpfungsgeschichte.»

In den Chor der Hitler-Bewunderer stimmte auch der frühere britische Premierminister David Lloyd George nach einem Besuch auf dem Obersalzberg im September 1936 ein: «Danken Sie Gott, daß Sie einen so wunderbaren Führer haben», soll er anschließend ausgerufen haben. Erst als Hitler die Maske des Friedenspolitikers fallen ließ und sich als der zeigte, der er war – ein Aggressor, der Europa der deutschen Herrschaft unterwerfen wollte –, wurden auch die Angehörigen der britischen Aristokratie, die auf Ausgleich und Freundschaft mit Nazi-Deutschland gesetzt hatte, unsanft aus ihren Wunschträumen gerissen.

70. Wie wirkten sich die außenpolitischen Erfolge auf Hitlers Selbstbild aus? Nicht nur von Seiten der Militärs, sondern auch der Diplomaten im Auswärtigen Amt war Hitler vor dem Risiko der Rheinlandbesetzung gewarnt worden. Nachdem die Westmächte es wiederum nur bei verbalen Protesten beließen, standen die Warner als kleinmütige Bedenkenträger da, und der Diktator ließ sie seine Verachtung spüren. In der deutschen Bevölkerung wich die anfängliche Besorgnis vor einer kriegerischen Eskalation der Bewunderung für Hitlers Wagemut. «Hitler gelingt einfach alles», gaben die Berichterstatter des Sozialdemokratischen Parteivorstands im Exil (Sopade) eine weitverbreitete Meinung wieder. Bei der Neuwahl des Reichstags am 29. März 1936 entfielen 98,8 Prozent auf die «Liste des Führers».

Der leicht errungene Triumph konnte nicht ohne Einfluss auf Hitlers narzisstisches Ego bleiben. Seine zunehmende Selbstüberschätzung ging einher mit einer wachsenden Ungeduld, was die Realisierung seiner ausgreifenden außenpolitischen Ziele betraf. In seinem Hang zum Vabanque, zum Spiel um «Alles oder nichts», war er durch den Rheinlandcoup noch einmal bestärkt worden. Mahnungen zum Maßhalten war er noch weniger zugänglich als zuvor. Zusehends glaubte er sich mit der «Vorsehung» im Bunde. «Weder Drohungen noch Warnungen werden mich von meinem Weg abbringen. Ich gehe mit traumwandlerischer Sicherheit den Weg, den mich die

Vorsehung gehen heißt», verkündete er am 14. März 1936 in München. Deutlicher konnte die Hybris, die mittlerweile vom Diktator Besitz ergriffen hatte, kaum zum Ausdruck gebracht werden.

71. Wann bereitete Hitler den Übergang von der Revisions- zur Expansionspolitik vor? In seiner Reichstagsrede zum vierten Jahrestag der «Machtergreifung» am 30. Januar 1937 erklärte Hitler, «die Zeit der Überraschungen» in der Außenpolitik sei nunmehr «abgeschlossen». Tatsächlich dachte der Diktator gar nicht daran, sich mit dem Erreichten zufrieden zu geben. Vielmehr hielt er den Zeitpunkt für gekommen, um von der Revisions- zur Expansionspolitik überzugehen. Mitte März 1937, als er sich im nächtlichen Gespräch mit seinem Intimus Joseph Goebbels an der Vorstellung von der künftigen «Welthauptstadt Germania» berauschte, nannte er die beiden Objekte, auf die sich seine Expansionsgelüste zunächst richten sollten: «Er spricht von Österreich und der Tschechoslowakei. Beide müssen wir haben zur Abrundung unseres Gebietes.» Hitlers Raumhunger ging jedoch weit darüber hinaus. Der Anschluss Österreichs und die Annexion der Tschechoslowakei sollten nur eine Zwischenstufe sein zum Eroberungskrieg gegen die Sowjetunion, mit der der Diktator die «Raumfrage» ein für alle Mal lösen wollte.

Am 5. November 1937 rief Hitler die Oberbefehlshaber der drei Wehrmachtteile von Heer, Marine und Luftwaffe, Werner von Fritsch, Erich Raeder und Hermann Göring, zu einer Besprechung in die Reichskanzlei, an der auch Kriegsminister Werner von Blomberg und Außenminister Konstantin Freiherr von Neurath teilnahmen. Das Protokoll, das Hitlers Wehrmachtadjutant Friedrich Hoßbach führte, sollte im Nürnberger Prozess gegen die Hauptkriegsverbrecher 1945/46 eine Schlüsselrolle spielen. In einem zweistündigen Monolog legte der Diktator die Grundgedanken seiner künftigen Außenpolitik in aller enthüllenden Klarheit dar: 85 Millionen Deutsche hätten ein «Anrecht auf größeren Lebensraum»; die «Lösung der Raumnot» sei daher die zentrale Aufgabe der deutschen Politik. Sie sollte «spätestens 1943/45» in Angriff genommen werden – das sei «sein unabänderlicher Entschluß». Zu einem wesentlich früheren Datum – möglichst schon 1938 – sollte jede sich bietende Gelegenheit genutzt werden «zur Erledigung der tschechischen und österreichischen Frage».

Grundsätzlich hatten die anwesenden Militärs gegen eine Angliederung Österreichs und der Tschechoslowakei nichts einzuwenden. In wilhelminischem Großmachtdenken aufgewachsen, sahen auch sie in einer deutschen Hegemonie über Europa ein erstrebenswertes Ziel. Allerdings befürchteten sie, Hitler könne mit seiner Ungeduld vorzeitig einen europäischen Konflikt vom Zaun brechen, der in einen neuen Weltkrieg münden würde. Diese Bedenken suchte Hitler mit dem Hinweis zu zerstreuen, dass England und Frankreich mit ihren Rüstungen noch nicht fertig seien und daher vor dem Risiko eines Krieges gegen Deutschland zurückschrecken würden. Doch ganz überzeugen konnte er die Teilnehmer an der Besprechung vom 5. November offenbar nicht. Die Reserven, die sie mehr oder weniger deutlich gegen seine expansiven Pläne zu erkennen gaben, ließen Hitler verstimmt zurück, glaubte er doch auf eine vorbehaltlose Unterstützung durch die führenden Vertreter der Generalität und der Diplomatie Anspruch zu haben. Dies war der Hintergrund, vor dem sich das Drama der Blomberg-Fritsch-Krise Anfang 1938 abspielte.

72. Worum ging es in der Blomberg-Fritsch-Krise? Lange Zeit ist angenommen worden, dass Kriegsminister Werner von Blomberg und der Chef der Heeresleitung, Werner von Fritsch, Ende Januar/Anfang Februar 1938 Opfer einer von langer Hand vorbereiteten Intrige geworden seien. Tatsächlich aber spielte, wie Fritz Tobias und Karl-Heinz Janßen («Der Sturz der Generäle», 1994) nachgewiesen haben, ein Zufall Hitler die Chance zu, sich der beiden Militärs, die ihm am 5. November 1937 widersprochen hatten, zu entledigen. Auslöser der Krise war die Heirat Blombergs mit einer jungen Frau namens Margarethe Gruhn am 12. Januar 1938, bei der Hitler und Göring als Trauzeugen anwesend waren. Kurze Zeit später stellte sich heraus, dass die Dame bei der Berliner Sittenpolizei als Prostituierte registriert war und für pornographische Fotos posiert hatte. Hitler fürchtete, dass ein Bekanntwerden des Skandals seinem Prestige abträglich sein könnte, und entließ den Kriegsminister am 27. Januar.

Doch damit war die Affäre noch nicht beendet. Denn nun erinnerte sich der misstrauisch gewordene Diktator an einen Vorgang, der sich bereits im Sommer 1936 zugetragen hatte: Damals hatte ihm der Reichsführer SS und Chef der Deutschen Polizei, Heinrich

Himmler, eine Polizeiakte vorgelegt, in der Fritsch bezichtigt wurde, homosexuell verkehrt zu haben und von einem Strichjungen namens Otto Schmidt erpresst worden zu sein. Gestapobeamte schafften den Kleinkriminellen, der im Strafgefangenenlager Börgermoor im Emsland einsaß, nach Berlin. Am 26. Januar veranlasste Hitler in der Reichskanzlei eine Gegenüberstellung. Obwohl Fritsch sein Ehrenwort gab, den vermeintlichen Erpresser nie gesehen, geschweige denn mit ihm homosexuelle Kontakte gehabt zu haben. schenkte Hitler seinem ranghöchsten Offizier keinen Glauben. Am 3. Februar wurde Fritsch aufgefordert, umgehend seinen Abschied einzureichen.

Hitler nutzte den Abgang von Blomberg und Fritsch zu einem großen Revirement nicht nur an der Spitze der Wehrmacht, sondern auch des Auswärtigen Amtes. Er selbst übernahm den Oberbefehl über die Wehrmacht. Das Kriegsministerium wurde aufgelöst; an seine Stelle trat das Oberkommando der Wehrmacht unter General Wilhelm Keitel, der im Rang eines Reichsministers Hitler direkt unterstellt wurde. Nachfolger von Fritsch als Oberbefehlshaber des Heeres wurde der General der Artillerie, Walther von Brauchitsch. Im Auswärtigen Amt musste Außenminister Konstantin von Neurath seinen Posten freimachen für den bisherigen Botschafter in London, Joachim von Ribbentrop – wie Keitel ein bedingungsloser Gefolgsmann Hitlers. Der Leiter der Politischen Abteilung Ernst von Weizsäcker übernahm anstelle von Neuraths Schwiegersohn, Hans Georg von Mackensen, das Amt des Staatssekretärs im Auswärtigen Amt.

In der Verhandlung vor dem Reichskriegsgericht unter Vorsitz Görings im März 1938 stellte sich heraus, dass der Belastungszeuge Otto Schmidt gelogen hatte. Generaloberst von Fritsch war Opfer einer Verwechslung mit einem Rittmeister a. D. Frisch geworden. Eine öffentliche Rehabilitierung Fritschs lehnte Hitler ab, hätte sie doch das Eingeständnis eines eigenen schweren Fehlers bedeutet. Fritsch wurde nicht wieder in sein Amt eingesetzt, sondern zum Kommandeur eines Artillerieregiments heruntergestuft. Während des Polenfeldzugs fand er im September 1939 vor Warschau den Tod. Hitler ordnete ein Staatsbegräbnis an.

73. Wie vollzog Hitler den Anschluss Österreichs? Am 12. Februar 1938 bestellte Hitler den österreichischen Bundeskanzler Kurt

Schuschnigg auf den Berghof und presste ihm, indem er mit einer militärischen Intervention drohte, die Zustimmung zum sogenannten Berchtesgadener Abkommen ab. Es enthielt die folgenden Bedingungen: freie Betätigung für Hitlers Parteigänger in Österreich, Ernennung des Nationalsozialisten Arthur Seyß-Inquart zum Innenminister, eine allgemeine Amnestie für verhaftete Nationalsozialisten und eine enge Abstimmung der beiderseitigen Außen-, Wirtschafts- und Militärpolitik. Schuschnigg hoffte, wenigstens einen Rest der österreichischen Unabhängigkeit bewahrt zu haben. Für Hitler jedoch läutete das Abkommen die letzte Phase seiner Anschlusspolitik ein. Allerdings wollte er dabei den Einsatz des Militärs nach Möglichkeit vermeiden.

Doch als Schuschnigg am 9. März überraschend seine Absicht bekannt gab, eine Volksabstimmung für ein freies und unabhängiges Österreich durchzuführen, spielte er Hitler ungewollt in die Karten. Am 10. März erließ der Diktator die Weisung für das «Unternehmen Otto»: Danach sollte die Wehrmacht, wenn andere Mittel nicht zum Ziele führten, in Österreich einrücken; allerdings sollte das Unternehmen den Charakter eines «von der Bevölkerung begrüßten friedlichen Einmarsches» tragen. Goebbels notierte in sein Tagebuch: «Die Würfel sind gefallen. Am Samstag (dem 12. März) Einmarsch. Gleich bis Wien vorstoßen (...) Der Führer selbst geht nach Österreich. Göring und ich sollen in Berlin bleiben. In 8 Tagen wird Österreich unser sein.»

In einer Serie von Ultimaten verlangte die deutsche Regierung am 11. März nicht nur die Verschiebung der Volksabstimmung, sondern den Rücktritt Schuschniggs und die Ernennung von Seyß-Inquart zu seinem Nachfolger. Als sich Bundespräsident Wilhelm Miklas auch noch am Abend dagegen sträubte, der letztgenannten Forderung nachzukommen, verfiel man in der NS-Führung auf die Idee, im Namen von Seyß-Inquart ein Telegramm aufsetzen und nach Berlin schicken zu lassen. Es enthielt die Bitte an die deutsche Regierung, zur Wiederherstellung von Ruhe und Ordnung Truppen in die Alpenrepublik zu entsenden. Mit dem fingierten Hilfeersuchen war eine Scheinlegitimation für den deutschen Einmarsch gegeben.

Am 12. März, um 5.30 Uhr, rückten Einheiten der Wehrmacht in Österreich ein. Sie stießen nirgendwo auf Widerstand. Hitler, der am Nachmittag mit seiner Kolonne die Grenze bei Passau passierte und sich nach Linz begab, wurde von der Bevölkerung jubelnd begrüßt.

30. September 1938: Hitler setzt seine Unterschrift unter das Münchner Abkommen. Hinter ihm (v. l. n. r.): Chamberlain, Mussolini und Daladier.

Unter dem Eindruck der Triumphfahrt beschloss er, den Anschluss Österreichs nicht länger aufzuschieben. Am Abend des 13. März unterzeichnete er das «Gesetz über die Wiedervereinigung Österreichs mit dem Deutschen Reich». Der erste Artikel lautete: «Österreich ist ein Land des Deutschen Reiches.» Im zweiten Artikel wurde für den 10. April eine «freie und geheime Volksabstimmung der über 20 Jahre alten Männer und Frauen Österreichs» angesetzt.

Am Vormittag des 15. März verkündete Hitler vom Balkon der Wiener Hofburg: «Als der Führer und Kanzler der deutschen Nation und des Reiches melde ich vor der Geschichte den Eintritt meiner Heimat in das Deutsche Reich.» Bei der Volksabstimmung am 10. April stimmten nach offiziellen Angaben 99,75 Prozent der Österreicher für den Anschluss – mehr noch als im «Altreich» (99,08 Prozent).

Nach 1945 haben sich die Österreicher gern als «erste Opfer» Hitlers dargestellt. Damit wollten sie vergessen machen, mit welcher hysterischen Begeisterung eine große Mehrheit von ihnen die neuen Herren empfangen hatte. Die wirklichen Opfer waren die jüdischen

Bürger Wiens. Vor den Augen eines gaffenden und schadenfrohen Publikums wurden sie auf alle nur denkbare Weise gedemütigt und misshandelt. Das war die dunkle Kehrseite des Anschlusses, die bereits einen Schatten warf auf alles Kommende.

74. Warum gab sich Hitler mit dem Münchner Abkommen nicht zufrieden? Nur wenige Tage nach dem Anschluss Österreichs fasste Hitler das nächste Ziel seiner Expansionspolitik ins Auge: die Zerschlagung der Tschechoslowakei. Als Hebel wollte er die sudetendeutsche Minderheit benutzen. Ende März 1938 gab er dem Führer der Sudetendeutschen Partei, Konrad Henlein, als Marschroute mit auf den Weg, unter der Parole «Heim ins Reich» immer so hohe Forderungen zu stellen, dass sie von der Prager Regierung unmöglich erfüllt werden könnten. Am 30. Mai unterzeichnete der Diktator die Weisung für den «Fall Grün»: Es sei sein «unabänderlicher Entschluß, die Tschechoslowakei in absehbarer Zeit durch eine militärische Aktion zu zerschlagen». Systematisch heizte die deutsche Propaganda in den folgenden Monaten die Spannungen an.

Generalstabschef Ludwig Beck, der gegen Hitlers Kriegspläne Protest einlegte, musste im August 1938 seinen Hut nehmen. In der deutschen Bevölkerung wuchs unterdessen die Angst vor einem Krieg. In den Meldungen der NS-Sicherheitsorgane war von einer regelrechten «Kriegshysterie» die Rede. Im September erreichte die Krise ihren Höhepunkt. Zweimal flog der britische Premierminister Neville Chamberlain nach Deutschland, um Hitler auf den Weg einer Verhandlungslösung zu drängen. Am 28. September, kurz vor Ablauf eines deutschen Ultimatums an die tschechische Regierung, konnte der Krieg durch Vermittlung Mussolinis noch einmal abgewendet werden. Für den folgenden Tag wurde eine Konferenz der vier Mächte – Deutschland, England, Frankreich, Italien – nach München einberufen.

Im Führerbau am Königsplatz setzten Hitler, Chamberlain, Mussolini und der französische Ministerpräsident Daladier am 30. September 1938 ihre Unterschrift unter das Münchner Abkommen. Es sah die Abtretung der sudetendeutschen Gebiete vor. Ihre Besetzung durch die Wehrmacht sollte bereits am 1. Oktober beginnen und bis zum 10. Oktober abgeschlossen sein. England und Frankreich verpflichteten sich auf eine Beistandsgarantie des tschechoslowakischen

Reststaates. Obwohl Hitler damit erneut einen großen Erfolg errungen hatte, war er mit dem Ergebnis alles andere als zufrieden. Denn die große Lösung, die Zerschlagung der Tschechoslowakei, war ihm verwehrt geblieben. Im internen Kreis ließ er keinen Zweifel daran, dass die Annexion der sudetendeutschen Gebiete für ihn nur eine Etappe darstellte. «Sein Entschluß, einmal die Tschechei zu vernichten, ist unerschütterlich», ließ er Goebbels am 2. Oktober, nur drei Tage nach Unterzeichnung des Münchner Abkommens, wissen.

Am 21. Oktober erging eine neue Weisung an die Wehrmacht zur «Erledigung der Rest-Tschechei». Parallel zu den militärischen Vorbereitungen ermutigte Hitler die separatistischen Bestrebungen der slowakischen Landesregierung unter Jozef Tiso. Am 14. März 1939 rief das Parlament in Preßburg die Selbständigkeit der Slowakei aus. Am selben Tag reiste der tschechische Staatspräsident Emil Hacha nach Berlin in der Hoffnung, wenigstens noch einen Rest der tschechischen Unabhängigkeit retten zu können. Doch Hitler setzte ihn in der Nacht vom 14. auf den 15. März so massiv unter Druck, dass ihm gar nichts anderes übrig blieb, als «das Schicksal des tschechischen Volkes und Landes vertrauensvoll in die Hände des Führers des Deutschen Reiches» zu legen, wie es in einer ihm abgepressten Erklärung hieß.

In den Morgenstunden des 15. März 1939 überschritten die deutschen Truppen die tschechische Grenze und rückten wenige Stunden später in Prag ein. In der Nacht zum 16. März diktierte Hitler auf dem Hradschin den Erlass über die Errichtung des «Reichsprotektorats Böhmen und Mähren». Gleichzeitig wurde die Slowakei auf Bitten Tisos unter den Schutz des «Großdeutschen Reiches» gestellt. Hitlers Griff nach Prag sorgte in London für ein böses Erwachen. Chamberlain musste erkennen, dass das Münchner Abkommen das Papier nicht wert gewesen war, auf das es geschrieben worden war. Die Appeasement-Politik, die von der Vorstellung ausgegangen war, man könne Hitler durch Entgegenkommen beschwichtigen, war damit endgültig gescheitert.

Hitler wähnte sich im Zenit seines Triumphes. «Ich werde als der größte Deutsche in die Geschichte eingehen», tönte er vor seinen Sekretärinnen. Doch in Wirklichkeit hatte er mit dem Bruch des Münchner Abkommens eine rote Linie überschritten, kündigte sich nach der Hybris die Nemesis an. Am 31. Mai 1939 gaben die britische und französische Regierung eine Garantieerklärung für die staatliche Unabhängigkeit Polens ab – des Landes, gegen das sich, wie leicht zu erkennen war, Hitlers Aggressionslust als Nächstes richten würde. So zeichnete sich die Konstellation ab, die nur wenige Monate später in den Zweiten Weltkrieg führen sollte.

75. Was bedeutete der Hitler-Stalin-Pakt? Am Abend des 21. August 1939 unterbrach der Großdeutsche Rundfunk sein Programm, um eine sensationelle Meldung zu verkünden: Das nationalsozialistische Deutschland und das bolschewistische Russland seien übereingekommen, einen Nichtangriffspakt abzuschließen. Seit Frühjahr hatte Stalin Signale in Richtung Berlin gesandt, die auf eine Wende seiner Deutschlandpolitik hindeuteten. Der sowjetische Diktator befürchtete, dass die Westmächte ihn in einen Krieg mit Hitler-Deutschland verwickeln wollten, um sich von der Sowjetunion «die Kastanien aus dem Feuer» holen zu lassen, wie er auf dem 18. Parteikongress am 10. März 1939 erklärte. Über die langfristigen Ziele Hitlers machte er sich keine Illusionen, aber er war daran interessiert, den wahrscheinlichen Konflikt möglichst lange hinauszuschieben, um in der Zwischenzeit das militärische Potenzial der Sowjetunion zu stärken. Eine Verständigung mit Deutschland auf Kosten Polens bot in seinen Augen nicht nur die Chance, Zeit zu gewinnen, sondern auch die Gebiete zurückzuerlangen, die das revolutionäre Russland zwischen 1917 und 1920 an Polen und die baltischen Staaten verloren hatte.

Auf deutscher Seite reagierte man auf die sowjetischen Avancen zunächst zurückhaltend. Schließlich hatte Hitler seit den frühen zwanziger Jahren den «jüdischen Bolschewismus» als Erzfeind des Nationalsozialismus angeprangert. Eine Abkehr von der ideologischen Leitlinie musste nicht nur unter den eigenen Anhängern für Irritationen sorgen. Andererseits erkannte Hitler durchaus die Vorteile eines vorübergehenden Arrangements mit Stalin: Er konnte Polen in einem schnellen Feldzug besiegen, ohne ein Eingreifen der Roten Armee befürchten zu müssen. Und er konnte sich danach gegen England und Frankreich wenden, falls die Westmächte ihre Beistandsverpflichtung Polen gegenüber erfüllen und in den Krieg gegen Deutschland eintreten würden.

Anfang August 1939 bestellte Außenminister Ribbentrop den sowjetischen Geschäftsträger in Berlin, Georgi Astachow, ins Auswärtige Amt und teilte ihm mit, es gebe von der Ostsee bis zum Schwarzen Meer kein Problem, das nicht zur beiderseitigen Zufriedenheit gelöst werden könne. Mit anderen Worten: Deutschland bot Russland eine Verständigung über die Interessensphären in Osteuropa auf Kosten Polens, der baltischen Staaten und Finnlands an. In Berlin hatte man es nun sehr eilig, da bis zum geplanten Angriff auf Polen nur noch wenige Wochen Zeit verblieben. Am 21. August erklärte sich Stalin auf Bitten Hitlers bereit, Ribbentrop in Moskau zu empfangen.

Am 23. August traf der deutsche Außenminister in der sowjetischen Hauptstadt ein, und noch in der Nacht zum 24. August wurde der Nichtangriffspakt unterzeichnet. In ihm verpflichteten sich die Vertragspartner, sich für die Dauer von zehn Jahren «jeden Gewaltakts, jeder aggressiven Handlung und jeden Angriffs gegeneinander» zu enthalten und sich keiner Mächtegruppierung anzuschließen, «die sich mittelbar oder unmittelbar gegen den anderen Teil richtet». In Artikel 2 gab Stalin Hitler faktisch freie Hand für den Krieg gegen Polen: «Falls einer der Vertragschließenden Teile Gegenstand kriegerischer Handlungen seitens einer dritten Macht werden sollte, wird der andere Vertragschließende Teil in keiner Form diese dritte Macht unterstützen.» Im «streng geheimen Zusatzprotokoll» wurde die Abgrenzung der beiderseitigen Interessengebiete in Osteuropa festgelegt: Finnland und die baltischen Staaten sollten unter die sowjetische, Litauen unter die deutsche Einflusssphäre fallen. Polen sollte entlang der durch die Flüsse Narew, Weichsel und San bezeichneten Linie aufgeteilt werden.

Gegenüber Kritikern wie Alfred Rosenberg, dem ideologischen Gralshüter des Antibolschewismus, stellte Hitler klar, dass sein Manöver keineswegs als eine grundlegende Kehrtwende seiner Außenpolitik missverstanden werden dürfe. Der Pakt mit Stalin, so betonte er, stelle nicht mehr als eine taktische Zwischenlösung auf dem Weg zum «Lebensraumkrieg» im Osten dar.

76. Wie reagierten die Deutschen auf den Beginn des Zweiten Weltkriegs? Im Unterschied zum August 1914 gab es in Deutschland Anfang September 1939 keinerlei Anzeichen von Kriegsbegeisterung. Allgemein hatte man angenommen, dass Hitler das Problem Danzigs und des Korridors aller aggressiven Rhetorik zum Trotz auf diplomatischem Wege lösen würde, und war nun unangenehm überrascht, sich plötzlich im Kriegszustand zu befinden. «Nichts von patriotischer Begeisterung auf den Straßen. Stummes Brüten», beobachtete der deutsch-jüdische Historiker Willy Cohn am 1. September in Breslau.

In seiner Rede vor dem Reichstag in der Krolloper am Vormittag des 1. September behauptete Hitler, die Polen hätten in der Nacht zahlreiche Grenzzwischenfälle provoziert und zum ersten Mal auf deutschem Territorium auch «reguläre Soldaten» eingesetzt: «Seit 5.45 Uhr wird jetzt zurückgeschossen! Und von jetzt an wird Bombe mit Bombe vergolten.» In Wirklichkeit hatten SS-Kommandos diese Zwischenfälle organisiert, um einen Vorwand für den deutschen Angriff zu liefern. Unter anderem hatten sie einen polnischen Überfall auf den Sender Gleiwitz fingiert. Dabei ließen sie eine Anzahl von KZ-Insassen zurück, die man zuvor getötet und in polnische Uniformen gesteckt hatte. Doch nur die fanatischen Parteigänger des Regimes schenkten der offiziellen Version Glauben, dass Deutschland sich einer polnischen Aggression erwehren müsse.

Die Stimmung sank auf einen Nullpunkt, als am 3. September die Kriegserklärung Englands und Frankreichs an das Deutsche Reich bekannt gegeben wurde. «Die Leute können es noch gar nicht fassen, daß Hitler sie in einen Weltkrieg geführt hat», hielt William Shirer, der amerikanische Korrespondent in Berlin, in seinem Tagebuch fest. Und Helmuth James von Moltke, der spätere Kopf des Kreisauer Widerstandskreises, schrieb am 3. September in einem Brief aus Berlin an seine Frau Freya: «Die Atmosphäre hier ist schrecklich. Ein Gemisch aus Ausweglosigkeit und Trauer.» Als sich jedoch Ende September 1939 der schnelle Sieg über Polen abzeichnete, schlug die Stimmung um. Nun war sich William Shirer sicher: «Solange die Deutschen erfolgreich bleiben und nicht zuviel Verluste erleiden, wird dies kein unpopulärer Krieg sein.»

77. Gibt es eine «Kriegsschuldfrage 1939»? Über die Frage, welche Macht schuld am Ersten Weltkrieg sei, ist lange gestritten worden. Seit der Kontroverse um das Buch des Hamburger Historikers Fritz Fischer «Griff nach der Weltmacht» (1961) hat sich allmählich in der deutschen und internationalen Forschung als Konsens durchgesetzt, dass das wilhelminische Deutschland für die Auslösung des

Krieges die Hauptverantwortung trug, weil es mit dem Blankoscheck an den Verbündeten Österreich-Ungarn vom 5./6. Juli 1914 die Eskalation entscheidend forcierte. An dieser Erkenntnis hat auch das Buch des Cambridge-Historikers Christopher Clark «Die Schlafwandler», das im Gedenkjahr 2014 für Furore sorgte, nichts geändert. Clarks Revisionsversuch, der an die alte apologetische Version vom «Hineinschlittern» aller Mächte in den Weltkrieg anknüpfte, wurde vom deutschen Publikum und in fast allen deutschen Medien begeistert aufgegriffen, von namhaften Historikern wie Heinrich August Winkler, Hans-Ulrich Wehler und John C. G. Röhl aber entschieden zurückgewiesen.

Was den Zweiten Weltkrieg betrifft, kann es nicht den geringsten Zweifel geben. Für die Entfesselung dieses Krieges trägt Hitler-Deutschland die Alleinschuld. Darin ist sich die seriöse historische Forschung einig, wenn es gelegentlich auch Versuche aus rechtsnationalen und rechtsradikalen Kreisen gibt, den eindeutigen Befund in Frage zu stellen. Es gilt unverändert, was der Laubacher Justizinspektor Friedrich Kellner bereits im Dezember 1944 in seinem Tagebuch feststellte: Der Zweite Weltkrieg sei «jahrelang vorbereitet und überlegt entfesselt» worden. «Die Kriegsschuld Deutschlands braucht nicht nachgewiesen werden, sie liegt klar vor den Augen der Welt.» In diesem Krieg fanden Hitler und der Nationalsozialismus gewissermaßen zu sich selbst. Er markierte den logischen Endpunkt des Weges, den der deutsche Reichskanzler seit dem Januar 1933 eingeschlagen hatte und auf dem ihm die konservativen Eliten – Generäle, Diplomaten, Rüstungsindustrielle, Ministerialbeamte – von wenigen Ausnahmen abgesehen gefolgt waren.

Den britischen und französischen Politikern kann man allenfalls vorwerfen, dass sie Hitler nicht in den Arm gefallen waren, als es noch möglich schien. Bis an die Grenze der Selbstaufgabe hatten sie sich darum bemüht, den deutschen Diktator in seinem Aggressionsdrang zu zügeln und ihn in eine europäische Friedensordnung einzubinden. Erst als die Appeasement-Politik im Frühjahr 1939 endgültig gescheitert war, hatten sie sich zu energischem Widerstand entschlossen – zu spät, um Hitler noch von seinem Kriegskurs abzubringen, wenn er denn überhaupt davon abzubringen war. Stalin wiederum hatte, um Zeit für die erwartete Auseinandersetzung mit Deutschland zu gewinnen, sich vorübergehend mit dem ideologischen Todfeind verbündet und sich so zum Komplizen der Hitlerschen Aggressionspolitik gemacht. Darüber sollte aber nicht vergessen werden, dass es vor allem die Sowjetunion war, die später der Wehrmacht die entscheidenden Niederlagen beibrachte, die zum Untergang Hitlers und seines Regimes führten.

VIII. Vernichtungskrieg und Holocaust

78. Markierte der Polenfeldzug 1939 den Auftakt zum Vernichtungskrieg? In einer Ansprache vor den Oberbefehlshabern der Wehrmacht auf dem Berghof am 22. August 1939 legte Hitler dar, wie er sich den Krieg gegen Polen vorstellte: «Herz verschließen gegen Mitleid. Brutales Vorgehen (...) Der Stärkere hat das Recht. Größte Härte.» Damit hatte der Diktator unmissverständlich deutlich gemacht, dass der bevorstehende Feldzug über die Grenzen der herkömmlichen Kriegführung hinausgehen sollte. Polen war als Versuchslabor vorgesehen für die Neuordnung Osteuropas nach rassenideologischen Kriterien. Hier sollte zum ersten Mal erprobt werden, was die «Eroberung von Lebensraum» konkret bedeutete.

Bereits in den ersten Tagen des Feldzugs durchbrachen die deutschen Armeen die polnischen Stellungen und drangen tief ins Landesinnere vor. Was die Ausrüstung mit modernem Kriegsgerät, vor allem mit Panzern und Flugzeugen, betraf, waren die polnischen Truppen hoffnungslos unterlegen. Nach zwei Wochen war der Kampf faktisch entschieden, auch wenn einzelne polnische Einheiten noch bis Anfang Oktober Widerstand leisteten. Den Verbänden der Wehrmacht folgten fünf Einsatzgruppen aus SS und Polizei, die auf Befehl Reinhard Heydrichs, des Chefs der Sicherheitspolizei, aufgestellt worden waren. Ihnen war «die Bekämpfung aller reichs- und deutschfeindlichen Elemente im Feindesland rückwärts der kämpfenden Truppe» aufgetragen worden. Anhand von Listen mit den Namen von Angehörigen der polnischen Intelligenz, der katholischen Geistlichkeit, des Adels und der jüdischen Gemeinden entfesselten die Einsatzgruppen einen Terror, dem allein zwischen September und Dezember 1939 mindestens 40 000 polnische Zivilisten zum Opfer fielen.

Unterstützt wurden die Mordkommandos durch Milizen des «Volksdeutschen Selbstschutzes», die sich vorwiegend aus Angehörigen der deutschen Minderheit in Polen rekrutierten. Diese war nach Beginn des deutschen Überfalls verschärften Repressalien ausgesetzt gewesen. Der schlimmste Zwischenfall ereignete sich am 3. September 1939 in Bromberg, wo über hundert «Volksdeutsche» von polnischen Zivilisten getötet wurden. Für Himmlers und Heydrichs

Schergen war der «Bromberger Blutsonntag» ein willkommener Vorwand, um das Morden der Einsatzgruppen und Milizen als Vergeltungsaktionen für polnische «Gräueltaten» auszugeben.

In zahlreichen Fällen kam es, wie Jochen Böhler gezeigt hat («Auftakt zum Vernichtungskrieg. Die Wehrmacht in Polen 1939», 2006), zu einer engen Kooperation zwischen den Todesschwadronen und Wehrmachteinheiten. Deutsche Soldaten beteiligten sich an willkürlichen Erschießungen von Zivilisten und Kriegsgefangenen, halfen Ortschaften niederzubrennen und machten sich einen Spaß daraus, Juden die Bärte zu scheren. All das warf bereits einen Schatten voraus auf das, was seit Sommer 1941 in den besetzten Gebieten der Sowjetunion in noch weitaus größeren und extremeren Gewaltdimensionen praktiziert werden sollte.

79. Ließ Hitler das britische Expeditionskorps in Dünkirchen absichtlich entkommen? Am 24. Mai 1940 waren die deutschen Panzerspitzen bis auf 15 Kilometer an den Kanalhafen Dünkirchen herangerückt, wo sich die große Masse des britischen Expeditionskorps und Teile der französischen Streitkräfte zusammendrängten und dem Untergang geweiht schienen. Doch dann gab Hitler den Befehl, den Vormarsch anzuhalten – eine Entscheidung, die in der Heeresführung auf Unverständnis stieß. Denn dadurch erhielten die eingekesselten Truppen – insgesamt 370 000 Mann – die Möglichkeit, sich bis zum 4. Juni, dem Tag der Einnahme von Dünkirchen, auf Hunderten von Schiffen und Booten über den Kanal nach Großbritannien zu retten.

Hitlers Halt-Befehl ist Gegenstand mancherlei Spekulationen geworden. So hat man vermutet, er habe das englische Expeditionskorps bewusst entkommen lassen, um sich die Möglichkeit eines Ausgleichs mit Großbritannien offen zu halten. Doch davon kann keine Rede sein. Hitler verließ sich vielmehr auf die Zusage Görings, es sei der Luftwaffe ein Leichtes, eine Evakuierung des Kessels von Dünkirchen zu verhindern.

Im Übrigen hatte der Diktator seinen Halt-Befehl nicht als einsamen Entschluss gefasst, sondern ihn mit dem Befehlshaber der Heeresgruppe A, Generaloberst Gerd von Rundstedt, abgesprochen. Beide hatten schon die zweite Phase des Feldzugs in Frankreich vor Augen und wollten den abgekämpften Panzertruppen eine Atempause gönnen. Es waren also vor allem militärische Überlegungen, die Hitler bei seinem Entschluss leiteten. Als er einige Tage später begriff, dass er eine folgenreiche Fehlentscheidung getroffen hatte, behauptete er, um vor seiner Umgebung das Gesicht zu wahren, er habe die Engländer absichtlich schonen wollen, um ihnen eine Brücke zu bauen für eine spätere Verständigung. Seine Sekretärin Christa Schroeder hat in ihren Erinnerungen («Er war mein Chef», 1985) den folgenden Ausspruch des Diktators überliefert: «Die Armee ist das Rückgrat Englands und des Empires. Zerschlagen wir das Invasionskorps, geht das Empire zugrunde. Da wir sein Erbe weder antreten wollen noch können, müssen wir ihm die Chance lassen. Meine Generäle haben das ja nicht kapiert.»

Erst das «Wunder von Dünkirchen» ermöglichte es Großbritannen, im Sommer 1940, ganz allein auf sich gestellt, den Kampf gegen Hitler-Deutschland fortzusetzen.

80. War Hitler auf militärischem Gebiet ein Dilettant? Nach dem unerwartet raschen Sieg über Frankreich im Sommer 1940 pries der Chef des Oberkommandos der Wehrmacht (OKW), Wilhelm Keitel, Hitler als den «größten Feldherrn aller Zeiten». In der abgekürzten Form «Gröfaz» sollte das Wort eine ganz andere Bedeutung erhalten, als der Rausch verflog und sich die Niederlage abzeichnete. In ihren nach 1945 veröffentlichten Memoiren haben die deutschen Generäle nahezu übereinstimmend bekundet, der Krieg hätte gewonnen werden können, wenn ihnen der «Dilettant» Hitler nicht immer wieder ins Handwerk gepfuscht hätte. Das Bild vom in jeder Hinsicht inkompetenten, realitätsfernen Feldherrn, das den Militärs als Entlastung diente, hat auch in der Hitler-Biographik nachhaltige Spuren hinterlassen.

Hitler war aber weder das militärische Genie, das man ihm auf dem Höhepunkt seiner Feldzugserfolge zuschrieb und für das er sich schließlich auch selbst hielt, noch war er der ignorante Laie, der für alle Rückschläge verantwortlich zu machen war. Der Autodidakt hatte sich durch intensive Lektüre ein großes Wissen an rüstungstechnischen und militärgeschichtlichen Fakten angeeignet. Er kannte sämtliche Waffen- und Munitionsarten und war mit den laufenden Rüstungsprogrammen bis in alle Einzelheiten vertraut. Sein phänomenales Zahlengedächtnis half ihm, sich den Experten gegenüber als ebenbürtig, wenn nicht gar als überlegen zu präsentieren.

Auch auf strategischem Gebiet war Hitler nicht so unbeschlagen, wie es seine Kritiker später gern dargestellt haben. So war der Überraschungserfolg im Westfeldzug auf den «Sichelschnitt»-Plan zurückzuführen, an dem Hitler maßgeblich mitgewirkt und den er gegen manche Bedenken des Generalstabs durchgesetzt hatte. Danach sollten starke Panzerverbände durch die Ardennen zur Kanalküste vorstoßen und die alliierten Truppen einkesseln. Auch kann man fragen, ob die Ostfront möglicherweise schon im Winter 1941/42 zusammengebrochen wäre, wenn nicht Hitler einen Rückzug der schwer angeschlagenen deutschen Truppen kategorisch untersagt hätte. In den späteren Kriegsjahren wurde freilich aus dem «Halten um jeden Preis» eine starre Doktrin, die wie in Stalingrad 1942/43 zum Verlust ganzer Armeen führen sollte.

81. Wann fasste Hitler den Entschluss zum Überfall auf die Sowjetunion? Im Sommer 1940 sah sich Hitler vor ein strategisches Dilemma gestellt: Der erfolgreiche Abschluss des Westfeldzugs hatte zwar zum Ausscheiden Frankreichs aus dem Krieg geführt, aber England nicht friedensbereit gemacht. Alles deutete darauf hin, dass die Briten unter ihrem energischen Premierminister Winston Churchill, der Anfang Mai 1940 den glücklosen Neville Chamberlain abgelöst hatte, zum Weiterkämpfen bis zum Letzten entschlossen waren. Für Hitler stellte sich damit die Frage, wie er den englischen Widerstand brechen konnte, bevor die Vereinigten Staaten ihr ökonomisches und militärisches Potenzial zugunsten des Inselreichs in die Waagschale werfen konnten. Ein Landungsunternehmen, wie er es in der «Weisung Nr. 16» vom 16. Juli 1940 unter dem Decknamen «Seelöwe» anordnete, barg, wie er wusste, ein beträchtliches Risiko in sich. Ob die unabdingbare Voraussetzung, die Erringung der absoluten Luftherrschaft, überhaupt erreicht werden konnte, war zweifelhaft. Gab es noch einen anderen Weg, um England entscheidend zu treffen?

In diesem Zusammenhang trat eine Idee immer stärker in den Mittelpunkt von Hitlers Überlegungen: nämlich das strategische Dilemma dadurch aufzulösen, dass er den ohnehin geplanten «Lebensraumkrieg» gegen die Sowjetunion zeitlich vorzog und zugleich als Hebel nutzte, um die deutsche Vorherrschaft in Europa zu etablieren und England zum Einlenken zu bewegen. Am 31. Juli 1940 teilte er den Spitzen der Wehrmacht auf dem Berghof als seinen «bestimmten Entschluß» mit, die Sowjetunion anzugreifen, um England seines «Festlanddegens» zu berauben. «Ist aber Rußland zerschlagen, dann ist Englands letzte Hoffnung getilgt.» Als frühestmöglichen Angriffstermin fasste er den Monat Mai 1941 ins Auge.

Endgültig fest legte sich Hitler erst nach dem Besuch des sowjetischen Außenministers Molotow in Berlin im November 1940, der keine Verbesserung in den zusehends angespannten Beziehungen zur Sowjetunion gebracht hatte. Am 5. Dezember befahl er dem Oberbefehlshaber des Heeres, Walther von Brauchitsch, und dem Chef des Generalstabs, Franz Halder, die Vorbereitungen für den Ostfeldzug voll in Gang zu setzen. Zwei Wochen später, am 18. Dezember 1940, unterzeichnete Hitler die grundlegende «Weisung Nr. 21» für den «Fall Barbarossa»: «Die deutsche Wehrmacht muß darauf vorbereitet sein, auch vor Beendigung des Krieges gegen England Sowjetrußland in einem schnellen Feldzug niederzuwerfen.» Die Zahl der eingeweihten Offiziere sollte «so klein wie möglich» gehalten werden, damit das Unternehmen nicht vorzeitig bekannt wurde.

82. Flog Rudolf Heß mit Einverständnis Hitlers nach England? Am 10. Mai 1941 flog der Stellvertreter des Führers, Rudolf Heß, mit einer Messerschmitt-Maschine nach England, um dort für eine Verständigung zwischen Deutschland und England zu werben. Heß wusste von dem geplanten Angriff auf die Sowjetunion und glaubte, keine Zeit mehr verlieren zu dürfen. Als erfahrener Pilot konnte er den Flug ohne Probleme durchführen. In der Nähe von Dungavel, dem schottischen Landsitz des ihm bekannten Herzogs von Hamilton, sprang er mit dem Fallschirm ab, wurde von der Homeguard festgenommen und in den Tagen darauf Verhören unterzogen. Er sei ohne Wissen Hitlers gekommen, gab er zu Protokoll, um die verantwortlichen Politiker in England davon zu überzeugen, dass es das Klügste sei, jetzt Frieden zu schließen.

Dennoch ist immer wieder vermutet worden, Hitler habe von der Aktion gewusst und sie womöglich sogar selbst angeregt. Doch dagegen spricht schon seine außerordentlich heftige Reaktion, als ihm ein Adjutant von Heß am Vormittag des 11. Mai auf dem Berghof den Brief seines Stellvertreters überreichte, in dem dieser ihn von seinem Unternehmen in Kenntnis setzte. Umgehend befahl der Diktator Göring, Ribbentrop und Goebbels in seine Alpenresidenz, um gemeinsam zu beratschlagen, wie man den möglichen Folgen des Heß-Fluges begegnen könne. In einem von Hitler diktierten Kommuniqué, das am Abend des 12. Mai über alle Sender des Großdeutschen Rundfunks ausgestrahlt wurde, hieß es, dass der von Heß hinterlassene Brief «Spuren einer geistigen Zerrüttung» zeige und der Führer-Stellvertreter «Opfer von Wahnvorstellungen» geworden sei. Goebbels notierte: «Ein schwerer, fast unerträglicher Schlag (...) Welch ein Anblick für die Welt: ein geistig zerrütteter zweiter Mann nach dem Führer. Grauenhaft und unausdenkbar. Jetzt heißt es, Zähne zusammenbeißen.»

Für den 13. Mai bestellte Hitler die Reichs- und Gauleiter auf den Berghof, um die verunsicherte Parteiführerschaft über die Hintergründe des mysteriösen Falles aufzuklären und sie erneut auf sich zu verpflichten. Baldur von Schirach, seit Juni 1940 Gauleiter und Reichstatthalter in Wien, hat in seinen Erinnerungen («Ich glaubte an Hitler», 1967) Hitlers Auftritt beschrieben: «Er wirkte, drei Tage nach der Flucht seines Stellvertreters, noch immer, als sei er vom Schlag getroffen. Seine Augen waren gerötet. Er sprach mit leiser, vor Erregung vibrierender Stimme.»

Doch selbst wenn man annimmt, dass Hitler gegenüber seiner Umgebung schauspielerte, seine Empörung über den Schritt seines Stellvertreters also geheuchelt war – warum hätte er insgeheim eine Mission billigen sollen, über deren Erfolglosigkeit es von Anfang an keinen Zweifel geben konnte? Überdies war damit das Risiko verbunden, dass die englische Regierung von Heß erfuhr, was bislang streng gehütetes Geheimnis war: dass Deutschland im Begriff war, die Sowjetunion zu überfallen. Und schließlich musste Hitler auch die Rückwirkung auf den Bündnispartner Italien bedenken. In Rom war man über den Heß-Flug alarmiert, und Ribbentrop hatte alle Hände voll zu tun, um Mussolini davon zu überzeugen, dass die deutsche Regierung nicht dahinter steckte. Kurzum: Alles spricht dafür, dass Heß seinen Flug ohne Wissen und Billigung Hitlers unternommen hatte, allerdings in der irrigen Annahme, ganz in seinem Sinne zu handeln.

83. Wodurch erhielt das «Unternehmen Barbarossa» den Charakter eines beispiellosen rassenideologischen Vernichtungskriegs? Am 30. März 1941 versammelte Hitler die gesamte höhere Generalität im Kabinettssaal der Neuen Reichskanzlei, um sie auf das «Unternehmen Barbarossa» gegen die Sowjetunion einzuschwören. Im ersten Teil seiner Ausführungen wiederholte er das strategische Argument, das er seit der Besprechung vom 30. Juli 1940 immer wieder zur Begründung des «Ostkriegs» ins Feld geführt hatte: England über den Umweg Russland die Aussichtslosigkeit seiner Lage vor Augen zu führen.

Erst im zweiten Teil seiner Rede kam der Diktator auf seine ideologische Motivation zu sprechen. Generalstabschef Franz Halder hielt die entscheidende Passage in seinem Tagebuch fest: «Kampf zweier Weltanschauungen gegeneinander. Vernichtendes Urteil über Bolschewismus, ist gleich asoziales Verbrechertum. Kommunismus ungeheure Gefahr für die Zukunft. Wir müssen vom Standpunkt des soldatischen Kameradentums abrücken. Der Kommunist ist vorher kein Kamerad und ist nachher kein Kamerad. Es handelt sich um einen Vernichtungskampf.» Die Truppenführer müssten alle eventuell noch vorhandenen moralischen Skrupel ablegen: «Im Osten ist Härte mild für die Zukunft.»

Danach konnte es für die führenden Vertreter der Wehrmacht keinen Zweifel darüber geben, dass das «Unternehmen Barbarossa» nach dem Willen des Obersten Befehlshabers von Anfang an als ein rassenideologischer Eroberungs- und Vernichtungskrieg geführt werden sollte. Dennoch äußerte keiner der anwesenden Generäle Bedenken. Das Feindbild des «jüdischen Bolschewismus» war im Offizierskorps weit verbreitet, und die Aussicht, die vermeintliche «Gefahr aus dem Osten» ein für alle Mal zu beseitigen, wirkte in hohem Maße motivierend.

So beeilte sich die Wehrmachtführung denn auch, Hitlers Vorgaben für den «Weltanschauungskrieg» gegen die Sowjetunion in konkrete Anweisungen für die Truppe zu übersetzen. Am 28. April unterzeichnete der Oberbefehlshaber des Heeres, Walther von Brauchitsch, einen Befehl, der den Einsatzgruppen der Sicherheitspolizei und des SD erlaubte, «in eigener Verantwortung Exekutionsmaßnahmen gegen die Zivilbevölkerung zu treffen». Am 13. Mai gab OKW-Chef Wilhelm Keitel einen «Erlaß über die Ausübung der

Kriegsgerichtsbarkeit» heraus, der den deutschen Soldaten faktisch einen Freibrief für die Tötung von Zivilisten gab, denen man irgendwelche feindlichen Handlungen gegen die Wehrmacht vorwarf. Am 6. Juni folgte der sogenannte «Kommissarbefehl», der es den Truppenführern zur Pflicht machte, gefangene sowjetische Politkommissare auf der Stelle zu liquidieren. In den ergänzenden «Richtlinien für das Verhalten der Truppe in Rußland» wurde von jedem einzelnen Soldaten «rücksichtsloses und energisches Durchgreifen gegen bolschewistische Hetzer, Freischärler, Saboteure, Juden und restlose Beseitigung jeden aktiven und passiven Widerstands» verlangt. Darüber hinaus wurden im «Wirtschaftsstab Ost» unter der Federführung des Wehrwirtschafts- und Rüstungsamtes Pläne für die systematische wirtschaftliche Ausplünderung des «Ostraums» ausgearbeitet, die den Hungertod von Millionen sowjetischer Bürger bewusst einkalkulierten.

Alle diese Befehle und Planungen summierten sich zu einem Gesamtkomplex, der dem «Unternehmen Barbarossa» den Charakter eines in der Weltgeschichte präzedenzlos verbrecherischen Vernichtungskrieges aufprägen sollte. So wurde der «Kommissarbefehl» entgegen den apologetischen Behauptungen der Nachkriegszeit von den Truppenführern keineswegs stillschweigend sabotiert, sondern, wie Felix Römer nachgewiesen hat («Der Kommissarbefehl», 2008), von fast allen Verbänden an der Ostfront befolgt.

Auch viele sowjetische Kriegsgefangene wurden bereits nach der Gefangennahme erschossen. Hunderttausende ließ man in den ersten Kriegsmonaten verhungern. Bis Kriegsende sollten von den 5,7 Millionen Rotarmisten, die in deutsche Hände fielen, 3 Millionen sterben. Nach dem Willen Hitlers sollte Leningrad nicht eingenommen, sondern ausgehungert werden. Fast eine Million Leningrader kamen während der Blockade 1941 bis 1944 ums Leben. Millionen junger Russinnen und Russen wurden als sogenannte «Ostarbeiter» nach Deutschland verschleppt, wo sie wie Sklaven unmenschlichen Bedingungen unterworfen wurden. Bei ihren Rückzügen an der Ostfront wandten die deutschen Soldaten die Methode der «verbrannten Erde» an, das heißt, sie zerstörten alles, was dem Gegner irgendwie von Nutzen sein konnte. Ganze Regionen und Landstriche wurden in «tote Zonen» verwandelt.

Insgesamt rund 26,6 Millionen Menschen kamen in der Sowjetunion im Zweiten Weltkrieg ums Leben, darunter 11,4 Millionen Angehörige der sowjetischen Streitkräfte und 15,2 Millionen Zivilisten. Kein anderes Land hat so unter der barbarischen deutschen Kriegführung und der ebenso barbarischen deutschen Besatzungsherrschaft gelitten und so hohe Opfer gebracht für die Befreiung Europas von der Geißel des Nationalsozialismus. Erst die beiden Wehrmachtausstellungen des Hamburger Instituts für Sozialforschung von 1995 und 2001 haben einer breiteren Öffentlichkeit in Deutschland ins Bewusstsein gerufen, dass der Vernichtungskrieg gegen die Sowjetunion ein epochales Verbrechen war. Dennoch findet dieses Verbrechen in der Erinnerungskultur der Bundesrepublik – im Unterschied zum Holocaust – bis heute nur wenig Beachtung.

84. Kam Hitler mit dem Überfall auf die Sowjetunion einem Angriff Stalins zuvor? In seinem Aufruf an die «Soldaten der Ostfront», der mit Beginn des deutschen Überfalls auf die Sowjetunion am 22. Juni 1941 in Hunderttausenden von Exemplaren verteilt wurde, rechtfertigte Hitler seine Aggression damit, dass er einem unmittelbar bevorstehenden Angriff Stalins habe zuvorkommen müssen. Russland habe in den zurückliegenden Monaten seine Truppen an der deutschen Ostgrenze kontinuierlich verstärkt. Ein weiteres Zuwarten angesichts dieser Bedrohung wäre «nicht nur eine Unterlassungssünde, sondern ein Verbrechen am deutschen Volk, ja an ganz Europa» gewesen.

Die Behauptung vom angeblich unvermeidlichen «Präventivkrieg», die die deutsche Propaganda in den folgenden Wochen unaufhörlich wiederholte, hat sich als erstaunlich langlebig erwiesen und ist von russophoben Autoren immer wieder aufgegriffen worden. Es gibt jedoch nicht den geringsten Beweis dafür, dass die Sowjetunion im Sommer 1941 einen Angriff gegen das Deutsche Reich geplant hätte. Stalin war im Gegenteil bemüht, alles zu unterlassen, was Hitler einen Vorwand zum Angriff bieten konnte. So wurden die im deutsch-sowjetischen Handelsvertrag eingegangenen Lieferverpflichtungen bis zuletzt pünktlich erfüllt. Und die russische Regierung nahm sogar hin, dass Hitler mit dem Feldzug gegen Jugoslawien und Griechenland im April 1941 weitere Länder auf dem Balkan seinem Einfluss unterwarf. Die Stationierung starker Kräfte der Roten Armee an der russischen Westgrenze war nicht mehr als eine Vorsichtsmaßnahme. Von deutscher Seite wurde sie auch gar nicht als Bedrohung empfunden. Im Gegenteil: Man sah darin sogar einen Vorteil für die eigenen Angriffsplanungen, weil man hoffte, gleich in den ersten Kesselschlachten große Teile der sowjetischen Streitkräfte vernichten zu können. So notierte Goebbels am 16. Juni 1941: «Die Russen sind genau an der Grenze massiert, das beste, was uns überhaupt passieren kann.»

Obwohl Stalin zahlreiche Warnungen vor einem deutschen Angriff zugingen, wollte er nicht glauben, dass Hitler sich auf das Risiko eines Zweifrontenkriegs einlassen würde. So erklärt sich, dass die Rote Armee vom deutschen Überfall unvorbereitet getroffen wurde.

85. Wann kann von einer Wende des Krieges gesprochen werden? Die Planungen für das «Unternehmen Barbarossa» gingen von der Voraussetzung aus, dass es gelingen werde, Russland in einem Feldzug von nur wenigen Monaten niederzuwerfen. Danach, so die Rechnung Hitlers, werde Deutschland über so gewaltige Ressourcen verfügen, dass es den «Endkampf» mit England und, wenn nötig, mit den Vereinigten Staaten aufnehmen könne. Die Siege in den ersten großen Umfassungsschlachten schienen diesen Optimismus zu rechtfertigen. Anfang Juli 1941 waren Hitler und seine Generäle davon überzeugt, dass der Krieg bereits gewonnen sei und die Sowjetunion über kurz oder lang wie ein Kartenhaus zusammenbrechen werde.

Doch schon bald mussten sie erkennen, dass sie sich von der Widerstandskraft der Roten Armee ein falsches Bild gemacht hatten. Gegenüber Goebbels gestand Hitler am 18. August 1941 in seinem ostpreußischen Hauptquartier «Wolfsschanze» unumwunden ein, dass man «die sowjetische Stoßkraft und vor allem die Ausrüstung der Sowjetarmeen gänzlich unterschätzt» habe. Mit dem Ausbleiben des erwarteten «Blitzsieges» war das gesamte strategische Konzept, auf dem das «Unternehmen Barbarossa» beruhte, hinfällig geworden.

Zwar errang die Wehrmacht in den folgenden Monaten noch einmal große Erfolge. Bis Ende November 1941 näherten sich die Spitzen der Panzerverbände den Außenbezirken der russischen Hauptstadt bis auf wenige Kilometer. Doch damit hatte sich die deutsche Offensivkraft erschöpft. Ein extremer Kälteeinbruch setzte den für einen Winterfeldzug nicht ausgerüsteten Soldaten zusätzlich zu. Am

5./6. Dezember ging die Rote Armee zur Gegenoffensive über und erzielte vom ersten Tag an tiefe Einbrüche in die deutschen Stellungen. Zeitweilig drohte ein Zusammenbruch der gesamten deutschen Ostfront. Zwar gelang es unter größten Anstrengungen bis Februar 1942, die Lage zu stabilisieren, doch das Ergebnis kam einem Desaster für die deutsche Kriegführung gleich. Der Nimbus der Unbesiegbarkeit der Wehrmacht war gebrochen. Ihre Verluste an Menschen und Kriegsmaterial waren enorm. Nicht, wie häufig zu lesen ist, die Niederlage von Stalingrad 1942/43, sondern das Scheitern des «Unternehmens Barbarossa» stellte den eigentlichen Wendepunkt des Zweiten Weltkriegs dar.

86. Warum erklärte Hitler den Vereinigten Staaten den Krieg? Am 11. Dezember 1941 erklärte Hitler in einer Sitzung des Reichstags den Vereinigten Staaten den Krieg. Über die Gründe für diesen Schritt haben die Historiker immer wieder gerätselt. Von allen Fehlern Hitlers sei dieser «immer noch der Unerklärteste», hat etwa Sebastian Haffner gemeint («Anmerkungen zu Hitler», 1978). Nach dem Dreimächtepakt zwischen Deutschland, Italien und Japan vom September 1940 wäre Deutschland nicht zum Beistand Japans verpflichtet gewesen, weil er ein gemeinsames Handeln nur im Falle eines Angriffs von dritter Seite aus vorsah. Japan aber hatte mit seinem Überfall auf die amerikanische Pazifikflotte in Pearl Harbor am 7. Dezember 1941 den Krieg mit den USA provoziert.

Hitlers Entschluss, sich dennoch an der Seite Japans mit einer weiteren Weltmacht anzulegen, war allerdings nicht so unerklärlich, wie es auf den ersten Blick scheint. Die deutsch-amerikanischen Beziehungen hatten sich im Laufe des Jahres 1941 kontinuierlich verschlechtert, je mehr Präsident Franklin D. Roosevelt zu einer offenen Unterstützung der britischen Kriegsanstrengungen übergegangen war. In der Atlantik-Charta vom 14. August 1941 hatte er sich mit Churchill auf eine «endgültige Vernichtung der Nazi-Tyrannei» als gemeinsames Kriegsziel verständigt.

Hitler war der Ansicht, dass sich die USA bereits in einem unerklärten Krieg gegen Deutschland befänden und der offene militärische Konflikt ohnehin unvermeidlich sei. Seine Erwartung ging dahin, dass Japan die US-Militärmacht im Pazifik binden und gleichzeitig die Bastionen des britischen Empire im Fernen Osten zum Einsturz bringen würde. Das würde ihm den zeitlichen Spielraum verschaffen, um im Jahr 1942 in einem zweiten Anlauf doch noch die Entscheidung gegen die Sowjetunion zu erzwingen. Dies erklärt, warum die Meldung vom japanischen Überfall auf Pearl Harbor im deutschen Hauptquartier geradezu einen Freudentaumel auslöste. Die schlechten Nachrichten von der Ostfront traten vorübergehend in den Hintergrund. Hitler habe sich «wie von einem Alb befreit» gefühlt, erinnerte sich OKW-Chef Keitel nach Kriegsende in der Nürnberger Haft.

87. Wie entwickelte sich das Verhältnis Hitlers zur Generalität? Zu Beginn des Krieges war Hitler um ein möglichst konfliktfreies Verhältnis zu seinen Heerführern bemüht. Nach den Siegen über Polen 1939 und Frankreich 1940 war er mit ihren Leistungen rundum zufrieden und belohnte sie mit hohen Auszeichnungen, raschen Beförderungen und großzügigen Dotationen. Auch in den ersten Wochen des «Unternehmens Barbarossa», als der Zusammenbruch der Sowjetunion unmittelbar bevorzustehen schien, herrschte zwischen dem Diktator und seinen Generälen bestes Einvernehmen. Erste Spannungen traten bereits im August 1941 auf, als deutlich wurde, dass man die Widerstandskraft der Roten Armee unterschätzt hatte. Über die Frage, wie die Operationen weitergeführt werden sollten, kam es zu heftigen Auseinandersetzungen zwischen Hitler und Generalstabschef Halder, der sich schließlich aber dem Führungsanspruch des Obersten Befehlshabers beugte.

Einen schweren Schlag erlitt das Vertrauensverhältnis in der Winterkrise 1941/42. Hitler war überzeugt, er allein habe die Ostfront vor einer Katastrophe bewahrt. Im Dezember 1941 entließ er Brauchitsch und übernahm an dessen Stelle den Oberbefehl des Heeres. Fortan war er entschlossen, seine Befehlsgewalt rücksichtslos durchzusetzen. Von den Generälen halte er nicht mehr so viel wie früher, teilte er Goebbels im März 1942 mit, für viele habe er «nur noch Verachtung» übrig.

Irreparabel erschüttert wurde das Verhältnis Hitlers zu seiner militärischen Umgebung jedoch erst im September 1942, als sich herausstellte, dass auch der zweite Anlauf, die Sowjetunion durch die Sommeroffensive (Unternehmen «Blau») im Südabschnitt der Ostfront zu bezwingen, gescheitert war. Nun wurde auch Generalstabschef Halder entlassen und durch einen Parteigänger Hitlers, Generalmajor Kurt Zeitzler, ersetzt. Der Diktator blieb künftig der Offizierstafel fern, und er beorderte Stenographen ins Führerhauptquartier, die jedes Wort in den Lagebesprechungen protokollieren mussten. Seine Kontrollsucht wurde zur Manie, sein Misstrauen gegen die Generalität zur Paranoia. Der Verschleiß des militärischen Spitzenpersonals beschleunigte sich mit der Niederlage von Stalingrad Anfang 1943.

Je kritischer die Lage an der Ostfront – und seit der alliierten Invasion am 6. Juni 1944 auch im Westen – wurde, desto rascher wurden die kommandierenden Generäle ausgetauscht. Unter diesen Bedingungen offen Widerspruch zu äußern und dem Diktator reinen Wein über die militärische Lage einzuschenken, wagte bald kaum noch jemand. Rückgratlose Anpassungsbereitschaft und servile Speichelleckerei beherrschten die Atmosphäre im Führerhauptquartier.

88. Gab es einen Befehl Hitlers zur «Endlösung der Judenfrage»? Lange hat man angenommen, dass es, um den Holocaust in Gang zu setzen, einen schriftlichen Befehl Hitlers gegeben haben müsste. Doch die Suche nach einem solchen Befehl war vergeblich, und vermutlich hat es ihn auch nie gegeben. Denn der Diktator pflegte seine Grundsatzentscheidungen in der Regel nicht schriftlich zu fixieren. Sein auf den 1. September 1939 zurückdatiertes Schreiben, mit dem er Reichsleiter Philipp Bouhler und seinen Begleitarzt Karl Brandt im Oktober 1939 zum Mord an Kranken und Behinderten ermächtigte, stellte eine seltene Ausnahme dar. Es genügte zumeist, wenn er den Exekutoren seiner mörderischen Obsessionen im Reichssicherheitshauptamt seine Wünsche mündlich zur Kenntnis brachte und sie gleichsam beiläufig ermutigte, bei der Umsetzung Phantasie und Ehrgeiz zu entwickeln.

Himmler, Heydrich und die Führer der Einsatzgruppen konnten sich sicher sein, ganz im Sinne des «Führerwillens» zu handeln, als sie seit Beginn des «Unternehmens Barbarossa» die Massenexekutionen schrittweise auf die gesamte jüdische Bevölkerung in den besetzten Gebieten der Sowjetunion ausweiteten. Eines schriftlichen Befehls Hitlers bedurfte es nicht. Vielmehr entwickelte sich der Massenmord in einem Wechselspiel zwischen der Zentrale in Berlin und den an der Peripherie des deutschen Herrschaftsbereichs ope-

Selektion an der Rampe von Auschwitz-Birkenau: Ab Mai 1944 wurden 432000 ungarische Juden in das Vernichtungslager deportiert, die meisten gleich nach der Ankunft ermordet.

rierenden Mordkommandos, die ihren Handlungsspielraum extensiv nutzten.

Nicht immer war die Initiative zur verschärften Verfolgung von Hitler selbst ausgegangen. So war es vor allem Propagandaminister Goebbels, der seit August 1941 darauf drängte, die noch in Deutschland lebenden Juden zum Tragen des «gelben Sterns» zu zwingen. Doch erst nachdem Hitler seine Zustimmung gegeben hatte, konnte die entsprechende Polizeiverordnung am 1. September 1941 in Kraft gesetzt werden. Und auch die Entscheidung vom Herbst 1941, die deutschen Juden reichsweit in «den Osten» zu deportieren, konnte erst herbeigeführt werden, nachdem der Diktator grünes Licht gegeben hatte. Schließlich wäre auch die letzte mörderische Steigerung, der Übergang zur systematischen Vernichtung der europäischen Juden im Frühjahr und Sommer 1942, ohne eine vorherige eindeutige Absichtserklärung Hitlers nicht möglich gewesen.

Vieles spricht für die These des Berner Historikers Christian Gerlach («Der Mord an den europäischen Juden», 2017), dass er seine «Grundsatzentscheidung» am 12. Dezember 1941, nach der Kriegserklärung an die Vereinigten Staaten, den Reichs- und Gauleitern mündlich mitteilte und dabei Bezug nahm auf seine «Prophezeiung» vom 30. Januar 1939. Goebbels hielt in seinem Tagebuch fest: «Bezüglich der Judenfrage ist der Führer entschlossen, reinen Tisch zu machen. Er hat den Juden prophezeit, daß, wenn sie noch einmal einen Weltkrieg herbeiführen würden, sie dabei ihre Vernichtung erleben würden. Das ist keine Phrase gewesen. Der Weltkrieg ist da, die Vernichtung des Judentums muß die notwendige Folge sein.»

89. Ohne Hitler kein Holocaust? Der Holocaust war ein hochgradig arbeitsteiliges Unternehmen. Daran beteiligt war eine Vielzahl von Institutionen, Dienststellen und gesellschaftlichen Gruppen: das Reichssicherheitshauptamt und die Einsatzgruppen von SS und Polizei; die Wehrmacht, ohne deren Unterstützung die Mordkommandos nicht so effektiv hätten operieren können; die Diplomaten, die an den Deportationen von Juden in den besetzten Staaten mitwirkten; die Experten im Reichsfinanz- und Reichswirtschaftsministerium, die sich der jüdischen Vermögen bemächtigten; die kommunalen Behörden und Polizeiverwaltungen, die die Deportationsbefehle ausstellten; die Beamten der Reichsbahn, die Fahrpläne ausarbeiteten und Züge bereitstellten; die Lieferanten der Vernichtungstechnologie, die auf den Bau von Verbrennungsöfen und die Herstellung von Zyklon B spezialisiert waren; die Ärzte, die das unbegrenzt zur Verfügung stehende «Menschenmaterial» zu medizinischen Versuchen nutzten; die Kollaborateure, die den deutschen Besatzern zur Hand gingen; schließlich die Hunderttausenden von Nutznießern und Profiteuren wie jene «Volksgenossen» und «Volksgenossinnen», die Möbel und Hausrat der ermordeten Juden zu Schnäppchenpreisen ergatterten.

Doch über alldem darf die Rolle Hitlers als Zentrum des Entscheidungsprozesses nicht aus dem Blick geraten. Sein fanatischer eliminatorischer Antisemitismus war die wichtigste Antriebskraft. Mit seinen sich in Ton und Diktion verschärfenden Hasstiraden spannte er einen rhetorischen Schirm auf, unter dem sich auch die radikalsten Verfechter einer «Endlösung der Judenfrage» zugleich gedeckt und legitimiert fühlen konnten. Vermutlich hätte es auch unter einem autoritären Militärregime, das 1933 noch als einzig mögliche Alternative zur Hitler-Regierung erschien, antijüdische Gesetze gegeben. Aber es wäre nicht zur systematischen Vernichtung der Juden, dieser letzten mörderischen Zuspitzung, gekommen. Mit anderen Worten: Ohne Hitler ist das Menschheitsverbrechen des Holocaust nicht denkbar, ohne seinen unbezweifelbar bekundeten «Führerwillen» hätten Himmler, Heydrich und deren Schergen die europaweit angelegte Mordaktion nicht organisieren und durchführen können.

90. Was wussten die Deutschen vom Holocaust? Nach 1945 beteuerten die meisten Deutschen, von den Untaten des NS-Regimes, insbesondere vom Massenmord an den Juden, nichts gewusst zu haben. Neuere historische Untersuchungen haben jedoch nachgewiesen, dass das Wissen über das monströse Verbrechen weit verbreitet war – trotz aller Versuche der Täter, die Spuren zu verwischen. Dieser Befund kann eigentlich nicht überraschen. Viele Wehrmachtsoldaten wurden, wie die Abhörprotokolle deutscher Kriegsgefangenen belegen, selbst zu Augenzeugen der Massenerschießungen in den besetzten Gebieten Polens und der Sowjetunion, oder sie erfuhren darüber aus Erzählungen ihrer Kameraden. Über Feldpostbriefe und Berichte von Urlaubern gelangten die Nachrichten ins «Altreich».

Als im Herbst 1941 die Deportationen der deutschen Juden begannen, geschah dies nicht unter dem Deckmantel der Geheimhaltung, sondern am hellichten Tag. Viele Zeitgenossen mögen sich mit der offiziellen Version beruhigt haben, die Juden würden «in den Osten umgesiedelt» und dort zum «Arbeitseinsatz» gebracht, aber nicht wenige wussten oder ahnten zumindest, dass ihnen dort der Tod drohte. Für Friedrich Kellner, den Laubacher Justizinspektor, zum Beispiel verdichteten sich die umlaufenden Gerüchte über das grausame Schicksal der Deportierten im September 1942 zur Gewissheit: «Von gut unterrichteter Seite hörte ich, daß sämtliche Juden nach Polen gebracht u(nd) dort von SS-Formationen ermordet würden.»

Richtig ist, dass nur wenige Deutsche alles über die «Endlösung» wussten – vor allem was das Zentrum der Vernichtung, Auschwitz-Birkenau, betraf –, aber auch nur wenige wussten gar nichts. Das Wissen bezog sich zumeist auf einzelne Aspekte des mörderischen Geschehens, etwa in Form von Berichten über Massaker und Ghettos oder Andeutungen über Vergasungen. Solche Teilinformationen und Gerüchte fügten sich jedoch nicht von selbst zu einem Gesamtbild. Das setzte die Bereitschaft voraus, die Detailbeobachtung als

Indikator des Ganzen zu sehen. Doch so genau wollte man es eben gar nicht wissen.

Die «normale» Reaktion bestand vielmehr darin, die Wahrheit über das Menschheitsverbrechen nicht wahrhaben zu wollen, sie abzuwehren und zu verdrängen. «Muß ich diesen entsetzlichen Bericht glauben? Er übersteigt die schlimmsten Ahnungen. Das kann einfach nicht möglich sein. So viehisch können selbst die brutalsten Fanatiker nicht sein», notierte die Journalistin und Hitler-Gegnerin Ursula von Kardorff im Dezember 1944, nachdem sie in einer Schweizer Zeitung gelesen hatte, dass die Juden in Auschwitz «systematisch vergast» würden.

Der mit bürokratischer Gründlichkeit geplante, zum Teil fabrikmäßig betriebene millionenfache Mord – diese singuläre Dimension des Verbrechens – überforderte die Vorstellungskraft selbst derer, die Hitler und seinen Schergen alle nur denkbaren Schandtaten zutrauten. Das Undenkbare zu denken, Auschwitz für wirklich zu halten – dagegen sträubte sich ein psychischer Selbstschutzreflex. Das galt auch für die designierten Opfer, vor allem für die Juden Westeuropas. Bis zuletzt hielten sie die Deutschen eines solchen Verbrechens nicht für fähig. Noch auf dem Transport in die Vernichtungslager klammerten sich viele an die offizielle Version von «Umsiedlung» und «Arbeitseinsatz». Und selbst die alliierten Regierungen weigerten sich lange Zeit, die ihnen zugehenden Informationen über den Holocaust ernst zu nehmen und daraus Konsequenzen zu ziehen.

Je länger allerdings der Krieg dauerte und der versprochene «Endsieg» ausblieb, desto mehr regte sich in der deutschen Bevölkerung ein dumpfes Bewusstsein des begangenen Unrechts. Daran knüpften führende Nationalsozialisten mit ihrer scheinbar paradoxen Strategie an, einerseits immer wieder unverblümt von der im Gange befindlichen «Ausrottung» der Juden zu sprechen, andererseits aber den Massenmord als Staatsgeheimnis zu behandeln und allenfalls Andeutungen über den Vollzug fallen zu lassen.

Durch diese wohldosierte Mischung aus offener Vernichtungsankündigung und beredtem Schweigen wurde die Bevölkerung gewissermaßen in Mithaftung für das Verbrechen genommen. Ihr sollte vor Augen geführt werden, dass es kein Entrinnen mehr gab, da, wie Goebbels im März 1943 seinem Tagebuch anvertraute, man «die Brücken hinter sich abgebrochen» habe. «Kraft durch Furcht» –

auf diese Formel brachte ein deutscher Journalist das Kalkül der NS-Führung. Tatsächlich belegen die Stimmungsberichte aus den letzten Kriegsjahren, wie verbreitet Ängste vor Rache und Vergeltung waren. Vielerorts wurde der alliierte Bombenkrieg als Strafe für die Deportation und Ermordung der Juden interpretiert, obwohl es hier tatsächlich keinen kausalen Zusammenhang gab.

Wie verbreitet die Kenntnis – oder zumindest eine fundierte Ahnung – vom Holocaust unter dem Deckmantel des Nichtwissenwollens war, zeigte sich auch im April 1943, als die NS-Führung die in Katyn entdeckten Massengräber polnischer Offiziere, die 1940 vom sowjetischen NKWD ermordet worden waren, zu einem groß angelegten Propagandafeldzug gegen den «jüdischen Bolschewismus» nutzen wollte. Sie provozierte damit allenthalben Äußerungen wie: Man solle doch nicht so viel Aufhebens von den Untaten der Sowjets machen, «da deutscherseits in viel größerem Umfange Polen und Juden beseitigt worden seien».

IX. Der Untergang

91. Ab wann rechnete Hitler mit der militärischen Niederlage? Früher als jeder andere habe Hitler gewusst oder zumindest geahnt, dass der Krieg verloren sei, hat der Chef des Wehrmachtführungsstabes, Alfred Jodl, in seiner Nürnberger Gefängniszelle 1946 zu Protokoll gegeben. Auf einen genauen Zeitpunkt wollte oder konnte sich der ehemalige engste militärische Berater des Diktators allerdings nicht festlegen. Manches spricht dafür, dass Hitler im September 1942, als sich das Scheitern der Offensive im Südabschnitt der Ostfront abzeichnete, zum ersten Mal bewusst wurde, dass ein Sieg nicht mehr errungen werden könne.

Darin lag vermutlich auch eine der Ursachen für die schweren Auseinandersetzungen mit der Heeresführung, die Ende September 1942 zur Entlassung des Generalstabschefs Franz Halder führten. Spätestens nach der Niederlage von Stalingrad Anfang 1943 dürfte sich Hitler über den Ausgang des Krieges kaum noch Illusionen gemacht haben. Gegenüber seiner militärischen Umgebung ließ er jedoch kein Zeichen von Schwäche erkennen, demonstrierte er unentwegt Zuversicht.

Mit diesem zur Schau getragenen Optimismus gelang es ihm immer wieder, aufkommende Zweifel am «Endsieg» zu zerstreuen. Viele hohe Offiziere, die mit schweren Sorgen ins Führerhauptquartier kamen, waren nach der Unterredung mit Hitler wie verwandelt und kehrten mit neuem Glauben gestärkt an die Front zurück. Offenbar wirkte die suggestive Überredungsmacht, die der Diktator trotz zunehmender gesundheitlicher Probleme immer noch aufzubieten vermochte, aber auch auf ihn selbst zurück. So wie er andere über den Ernst der Lage täuschte, scheint er sich, gewissermaßen in einem Akt der Autosuggestion, selbst getäuscht zu haben. Bis in die letzten Kriegswochen hinein hielt er nach außen unerschütterlich daran fest, dass «die Vorsehung» im letzten Augenblick eine Wende der Kriegslage für ihn bereithalte. Erst am 22. April 1945, wenige Tage vor seinem Selbstmord, gestand er in einer dramatischen Lagebesprechung im Bunker unter der Reichskanzlei erstmals ein, dass der Krieg verloren war.

92. Warum mied Hitler im Krieg, je länger desto mehr, den öffentlichen Auftritt? Vor 1939 hatte Hitler kaum eine Gelegenheit ausgelassen, um sich publikumswirksam in Szene zu setzen. Doch je länger der Krieg dauerte und der Sieg auf sich warten ließ, desto mehr mied er den großen Auftritt. 1940 hielt er neun, 1941 sieben, 1942 fünf und 1943 nur noch drei öffentliche Reden: zum «Heldengedenktag» am 21. März, zum Jahrestag des Putsches von 1923 am 8. November in München und am 20. November vor jungen Soldaten in Breslau. Vergeblich bedrängte Propagandaminister Goebbels den Diktator, wieder häufiger zum Volk zu sprechen. Im Jahr 1944 trat Hitler nur einmal öffentlich auf – vor den «alten Kämpfern» im Hofbräuhaus zur Feier der Parteigründung am 24. Februar. Zweimal wandte er sich über Rundfunk an die Nation: am 30. Januar zum Jahrestag der «Machtergreifung» und in der Nacht zum 21. Juli nach dem gescheiterten Attentat auf ihn in der «Wolfsschanze». Der einst omnipräsente Führer war für die Masse der Deutschen zu einer entrückten Gestalt geworden.

Hitlers Scheu, öffentlich in Erscheinung zu treten, ist psychologisch leicht zu erklären. Seit dem Schock der Niederlage von Stalingrad, als zum ersten Mal Kritik auch an seiner Person laut geworden war, musste er befürchten, zum Gegenstand von Unmutsäußerungen zu werden, wenn er sich öffentlich zeigte. So hat er denn auch nie eine der von alliierten Bombergeschwadern zerstörten Städte besucht. Zu oft hatte er den bevorstehenden «Endsieg» beschworen, und zu oft war das Publikum enttäuscht worden. Der Nimbus des scheinbar unfehlbaren und unbezwingbaren Feldherrngenies fiel von ihm ab, und mit ihm verschwand ein wichtiges Element des Führermythos, der bisher als stärkstes Bindemittel zwischen Regime und Bevölkerung gedient hatte.

Das Verschwinden des Diktators aus der Öffentlichkeit signalisierte die tiefgreifende Krise des NS-Herrschaftssystems. Denn dessen Akzeptanz hing wesentlich von der Zustimmung ab, die der charismatische Mann an der Spitze zu mobilisieren verstand.

Aber auch für Hitler persönlich bedeutete sein allmähliches Verstummen einen Einschnitt. Denn aus den Begeisterungsstürmen, die er in seinen Reden vor großem Publikum zu entfachen vermochte, hatte er selbst immer wieder Kraft und Selbstbestätigung gezogen. Eine seiner größten Stärken – der fortwährende Energieaustausch zwischen ihm und den Massen – konnte er in der zweiten Kriegshälfte nicht mehr ausspielen. In seinem Abtreten als Volksredner kündigte sich das Ende seiner Herrschaft an.

93. Warum misslang das Attentat vom 20. Juli 1944? Beim Scheitern des Attentats auf Hitler in der «Wolfsschanze» am Mittag des 20. Juli 1944 hat eine ganze Reihe von Zufällen eine Rolle gespielt. Die Lagebesprechung war wegen des bevorstehenden Besuchs von Mussolini um eine halbe Stunde, auf 12.30 Uhr, vorverlegt worden. Dadurch blieben Oberst Claus Schenk Graf von Stauffenberg und seinem Adjutanten, Oberleutnant Werner von Haeften, weniger Zeit als gedacht, um die Zünder der beiden Sprengstoffpackungen zu präparieren. In ihren Vorbereitungen wurden sie von einem Oberfeldwebel unterbrochen, der im Auftrag des OKW-Chefs Keitel zur Eile mahnte. So konnte Stauffenberg nur eine Bombe scharf machen und in seiner Aktentasche verstauen. Die zweite nahm Haeften wieder an sich.

Außerdem wurde die Wirkung der Explosion durch zwei Umstände beeinträchtigt: zum einen dadurch, dass wegen der sommerlichen Hitze die Fenster in der Baracke, in der die Lagebesprechung stattfand, weit geöffnet waren; zum anderen platzierte Stauffenberg seine Aktentasche ungünstig an der Außenseite eines massiven Tischsockels, bevor er die Baracke verließ. Hitler beugte sich im Moment der Detonation über die Tischplatte, um die Karten zu studieren. Dadurch entging er der vollen Wucht der Druckwelle. Von den 24 Teilnehmern der Besprechung erlitten elf schwere Verletzungen, drei starben wenige Stunden nach dem Attentat. Hitlers Chefadjutant Rudolf Schmundt erlag einige Wochen später seinen Verletzungen. Der Diktator selbst überlebte nur leicht verletzt. Beide Trommelfelle waren geplatzt, der rechte Arm war stark angeschwollen und hing schlaff herunter, Hände und Beine wiesen Brandwunden auf.

Faktisch war also der Staatsstreich in Berlin, der sich dem Attentat anschließen sollte, bereits gescheitert, bevor er überhaupt begonnen hatte. Denn die gesamten Planungen der «Operation Walküre» waren darauf abgestellt, dass der Anschlag auf Hitler glückte. Nur unter dieser Voraussetzung wären noch schwankende Militärs, wie Generalfeldmarschall Günther von Kluge und der Befehlshaber des Ersatzheeres, Friedrich Fromm, zum Mitmachen bereit gewesen.

Aber auch wenn das Attentat gelungen wäre, ist zweifelhaft, ob der Staatsstreich erfolgreich hätte ins Werk gesetzt werden können. Denn viele Militärbefehlshaber fühlten sich immer noch an ihren Eid auf Adolf Hitler gebunden und betrachteten das Unternehmen als «Hochverrat». Auch besaß der Widerstand gegen Hitler keine breite Basis in der Bevölkerung. Darüber hatten sich die Verschwörer von Anfang an keine Illusionen gemacht. Und dennoch waren sie entschlossen, die Aktion unter allen Umständen durchzuführen, um ein Zeichen zu setzen. Denn es komme darauf an, so hat Generalmajor Henning von Tresckow, neben Stauffenberg der Kopf der militärischen Opposition, geäußert, «daß die deutsche Widerstandsbewegung vor der Welt und vor der Geschichte den entscheidenden Wurf gewagt hat. Alles andere ist daneben gleichgültig.»

94. Welche Folgen hatte das Scheitern des Attentats? Hitler wertete die Tatsache, dass er mit nur leichten Verletzungen davongekommen war, als einen Fingerzeig der «Vorsehung», wie er in seiner Radioansprache an das deutsche Volk kurz nach Mitternacht ausführte. Gleichzeitig sah er sich in seinem ohnehin starken Misstrauen gegen die Heeresgeneralität bestärkt. Die Sicherheitsmaßnamen im Führerhauptquartier wurden drastisch verschärft. Jeder Teilnehmer an den Lagebesprechungen musste sich künftig vor Betreten des Lageraums daraufhin untersuchen lassen, ob er eine Waffe oder Sprengstoff mit sich führte. Überall sei er von Verrat umgeben, tobte der Diktator, als immer mehr Details über die Teilnehmer und Hintergründe des Staatsstreichplans bekannt wurden.

Getrieben von maßlosem Rachedurst, wollte Hitler ein blutiges Exempel statuieren. Auf seinen Befehl wurde ein «Ehrenhof» des Heeres einberufen. Er sollte die am Komplott beteiligten Offiziere aus der Wehrmacht ausstoßen, bevor sie anschließend dem Volksgerichtshof zur Aburteilung übergeben wurden. Mit der Leitung der Ermittlungen wurde der Chef des Reichssicherheitshauptamtes, Ernst Kaltenbrunner, beauftragt, der Nachfolger des im Juni 1942 einem Attentat erlegenen Reinhard Heydrich. Nach und nach wurde das weitgespannte Netzwerk der Verschwörung aufgedeckt. Unter dem Vorsitz seines Präsidenten Roland Freisler fällte der Volksgerichtshof über 100 Todesurteile. Die Familien der führenden Männer des 20. Juli wurden in Sippenhaft genommen.

Auch in anderer Hinsicht führte das gescheiterte Attentat zu einer weiteren Radikalisierung des Regimes. Reichsführer SS Heinrich Himmler, der bereits im August 1943 das Reichsinnenministerium von Wilhelm Frick übernommen hatte, erhielt nun umgehend auch den Befehl über das Ersatzheer anstelle von Friedrich Fromm. Am 25. Juli 1944 ernannte Hitler Propagandaminister Goebbels zum «Reichsbevollmächtigten für den totalen Kriegseinsatz» mit umfassenden Vollmachten, um den gesamten zivilen Sektor auf die Bedürfnisse von Wehrmacht und Rüstung auszurichten. Auch der «Sekretär des Führers», Martin Bormann, durfte sich zu den Nutznießern des 20. Juli zählen. Noch rigider als zuvor kontrollierte er den Zugang zum Diktator.

Schließlich profitierte auch Rüstungsminister Albert Speer vom radikaleren Kurs in der Innenpolitik. Auf Kosten vor allem Görings konnte er alle relevanten Bereiche der Rüstungsindustrie unter dem Dach seines Ministeriums vereinen und von hier aus lenken. Das «Quadrumvirat» Himmler, Goebbels, Bormann und Speer kontrollierte im letzten Kriegsjahr den größten Teil des NS-Herrschaftsapparats. Allerdings blieben die vier Männer weiterhin von Hitler als der letztlich entscheidenden Instanz abhängig. Keiner von ihnen sollte bis kurz vor Kriegsende auf die Idee kommen, seine Autorität offen herauszufordern.

95. Warum unternahm Hitler im Dezember 1944 die Ardennenoffensive? Im Herbst 1944 waren die Vorboten der Niederlage des «Dritten Reiches» nicht mehr zu übersehen. Hitlers Plan, die am 6. Juni in der Normandie gelandeten alliierten Invasionstruppen «ins Meer zurückzuwerfen», war gescheitert. Seit Ende Juli drangen Amerikaner und Briten unaufhaltsam vor und befreiten den größten Teil Frankreichs. Im Osten hatte die Rote Armee nach dem Zusammenbruch der Heeresgruppe Mitte Ende Juni 1944 alle seit 1941 verlorenen sowjetischen Gebiete zurückerobert, ihre Offensive durch das Generalgouvernement vorangetrieben und im Oktober erstmals die Reichsgrenze in Ostpreußen überschritten. Gleichzeitig intensivierten die Alliierten ihre Luftoffensive gegen Hydrierwerke und Verkehrsverbindungen. Nicht nur die Versorgung der Wehrmacht mit Treibstoff, sondern auch der Nachschub für die Rüstungswerke wurde dadurch schwer beeinträchtigt.

Dennoch gab sich Hitler noch nicht geschlagen. Vielmehr wollte er versuchen, alles auf die Karte einer letzten Offensive zu setzen, um wenigstens an einem Frontabschnitt noch einmal die Initiative zurückzugewinnen. Die größten Erfolgschancen rechnete er sich im Westen aus, weil er Amerikaner und Briten für weniger kampfstark hielt als die Sowjets. Im Wesentlichen schwebte ihm eine Wiederholung der Operation vom Frühsommer 1940 vor: Deutsche Panzer sollten durch die Ardennen zur Maas und von dort bis nach Antwerpen vorstoßen, einen Keil zwischen amerikanische und britische Armeen treiben und diese dann nacheinander einkesseln und vernichten. Nach einem solchen Schlag, so hoffte er, würden die USA und Großbritannien bereit sein, sich mit ihm zu verständigen, und die gegnerische Koalition zerfallen.

Unternehmen «Herbstnebel» begann in den Morgenstunden des 16. Dezember 1944 und überraschte die Amerikaner, die nicht mehr mit einer deutschen Offensive gerechnet hatten. Hitler war in den ersten Tagen der Operation in euphorischer Stimmung. In der Nacht vom 19. auf den 20. Dezember rief er Goebbels von seinem Hauptquartier «Adlerhorst» bei Bad Nauheim an. «Man merkt seiner Stimme direkt an, daß er durch die bereits errungenen Erfolge eine grundlegende Wandlung seiner ganzen Mentalität durchgemacht hat», notierte der Propagandaminister. Am 23. Dezember kamen die Spitzen der Panzerverbände bis auf sieben Kilometer an die Maas heran. Doch danach erlahmte der Angriffsschwung. Immer stärker machte sich Treibstoffmangel bemerkbar, und als in den Weihnachtstagen der Himmel aufklarte, konnten die Alliierten ihre Luftüberlegenheit ausspielen. Ende Dezember 1944 war bereits deutlich, dass die Ardennenoffensive ihre Ziele nicht erreicht hatte. Hitlers letzte Trumpfkarte hatte nicht gestochen. Auch im Westen war die Initiative unwiderruflich an die Alliierten übergegangen.

96. Wie inszenierte Hitler seinen Untergang? Je aussichtsloser die militärische Lage wurde, desto mehr richtete Hitler seine Anstrengungen darauf, seinen Abgang von der Bühne der Weltgeschichte möglichst wirkungsvoll zu inszenieren. Und das hieß, dass er nun auch keinerlei Rücksicht mehr auf die Lebensinteressen des eigenen Volks zu nehmen bereit war. «Wir kapitulieren nicht, niemals. Wir können untergehen. Aber wir werden eine Welt mitneh-

Am 20. März 1945 empfängt der Diktator im Garten der Reichskanzlei Hitler-Jungen, die wegen ihres Einsatzes an der Ostfront ausgezeichnet worden sind.

men», äußerte er Anfang Januar 1945, nach dem Scheitern der Ardennenoffensive, zu seinem Adjutanten Nicolaus von Below. Wenn schon der Untergang unvermeidlich war, dann sollte er nach der verbrecherischen Logik des Diktators doch wenigstens so gestaltet werden, dass er kommenden Generationen als «heroisches Beispiel» dienen konnte.

Dabei konnte Hitler anknüpfen an Mythen, die in der Kollektivpsyche der Deutschen einen festen Platz hatten – allen voran an das Nibelungenlied, seit dem ausgehenden 18. Jahrhundert das Nationalepos schlechthin. Bereits in seiner Rede vom 30. Januar 1943 hatte Göring den letzten Kampf der Nibelungen an Etzels Hof beschworen, als es darum ging, den Untergang der 6. Armee in Stalingrad zu einem heroischen Selbstopfer umzudeuten. Und wenn Hitler davon sprach, man werde eine ganze Welt mit in den Abgrund reißen, stand ihm die

«Götterdämmerung» vor Augen, mit der Richard Wagners «Ring des Nibelungen» endet.

Sollte der Kampf bis zum Äußersten ausgefochten werden, dann durfte die Aussichtslosigkeit der Lage nicht eingestanden werden, dann musste die Fiktion des möglichen «Endsiegs» immer noch aufrechterhalten werden. Zu dieser Strategie gehörten geheimnisvolle Andeutungen über «Wunderwaffen», die man in der Hinterhand habe und die in letzter Minute eine Kriegswende herbeiführen könnten. Unaufhörlich berief sich Hitler auch auf das Beispiel Friedrichs des Großen im Siebenjährigen Krieg. Der habe sich durch militärische Rückschläge nie entmutigen lassen und am Ende Recht behalten, als Russland nach dem plötzlichen Tod der Zarin 1762 aus dem Krieg ausschied – das berühmte «Mirakel des Hauses Brandenburg». Hitler beließ es aber nicht nur bei der Beschwörung des Friedrich-Mythos; er versuchte auch, den «Alten Fritz» in Haltung und Gebärdensprache zu imitieren. Es war die letzte Rolle, mit der der körperlich zunehmend hinfällige Diktator seine Umgebung zu beeindrucken wusste.

Als am 12. April 1945 der amerikanische Präsident Franklin D. Roosevelt überraschend starb, schien tatsächlich die erhoffte Wende doch noch einzutreten. «Hier haben wir das große Wunder, das ich immer vorhergesagt habe. Wer hat nun recht? Der Krieg ist nicht verloren», soll Hitler nach der Erinnerung Albert Speers ausgerufen haben. Doch die Euphorie hielt nicht lange an. Am 16. April begann die Rote Armee an der Oder ihre Schlussoffensive; das Ende rückte in unmittelbare Nähe.

97. Wann fasste Hitler den Entschluss zum Selbstmord? «Hitler ist der potenzielle Selbstmörder par excellence», prophezeite der Publizist Sebastian Haffner in seinem 1940 im englischen Exil veröffentlichten Buch «Germany: Jekyll & Hyde». Tatsächlich hatte Hitler schon in den Jahren seines Aufstiegs in kritischen Situationen wiederholt damit gedroht, sich umzubringen. Zum ersten Mal geschah es nach dem gescheiterten Putsch vom November 1923, als er befürchten musste, dass seine kometenhafte Karriere ein jähes Ende finden würde. Beim zweiten Mal, auf dem Höhepunkt der Straßer-Krise Anfang Dezember 1932, hatte er vor seinen engsten Gefolgsleuten mit großem Pathos ausgerufen: «Wenn die Partei zerfällt, mache ich in 3 Minuten Schluß.»

Während des Krieges ließ Hitler keinen Zweifel daran, dass er sich im Falle einer Niederlage das Leben nehmen würde. Scharf missbilligte er das Verhalten des Generalfeldmarschalls Friedrich Paulus, der sich am 31. Januar 1943 in Stalingrad hatte gefangen nehmen lassen, statt sich zu erschießen. Sich die Pistole zu geben – das sei «doch eine Leichtigkeit», erklärte er in der Lagebesprechung vom 1. Februar. Es gehöre eine gehörige Portion «Feigheit» dazu, vor einem solchen Entschluss «auch noch zurückzuschrecken». Doch offensichtlich fiel dieser Schritt auch Hitler nicht so leicht, wie er immer wieder seiner Umgebung vorgegaukelt hatte. Denn erst am 29. April 1945, als die russischen Soldaten nur noch wenige hundert Meter von der Reichskanzlei in der Wilhelmstraße entfernt waren, entschloss er sich endgültig, seinem Leben am folgenden Tag ein Ende zu setzen, und diktierte seiner Sekretärin Traudl Junge sein politisches und privates Testament.

98. Warum heiratete Hitler am Ende noch Eva Braun? In der Nacht vom 28. auf den 29. April 1945 heiratete Hitler Eva Braun. Seine langjährige Gefährtin hatte bereits im Oktober 1944 den Entschluss gefasst, ihr Schicksal bis zum Ende mit Hitler zu teilen, und ihr Testament aufgesetzt. Anfang März 1945, als die endgültige Niederlage nur noch eine Frage von Wochen war, kehrte sie nach Berlin zurück und bezog zwei Räume im Tiefbunker unter der Alten Reichskanzlei. Alle Mitglieder der Entourage, die überlebten, bezeugten nach 1945, dass sie inmitten des allgemeinen Infernos der letzten Tage eine bemerkenswerte Gefasstheit an den Tag legte. «Ich sterbe so, wie ich gelebt habe. Schwer fällt es mir nicht», schrieb sie am 22. April in einem Abschiedsbrief an eine Freundin.

Seine Entscheidung, Eva Braun zu heiraten, traf Hitler offensichtlich im Zusammenhang mit seinem Entschluss zum Selbstmord. Selbst seine nächsten Gefolgsleute wurden erst kurz vorher informiert. Die Überraschung war nicht gering, schließlich hatte der Diktator immer wieder zu verstehen gegeben, dass er als «Führer» keine enge Bindung an eine Frau eingehen könne. «Meine Braut heißt Deutschland», war eine seiner stehenden Redewendungen gewesen. Die Eheschließung in letzter Stunde war seine Form des Dankes an die Frau, die ihm gegenüber stets bedingungslos loyal gewesen war und nun auch gemeinsam mit ihm Selbstmord verüben wollte. In aller Eile wurde der Lageraum im Bunker für die Zeremonie hergerichtet und ein Standesbeamter herbeigeschafft, der die Trauung vollzog. Das standesamtliche Protokoll hat sich – ebenso wie das Testament Hitlers – erhalten. Eva Braun begann mit ihrem Mädchennamen zu unterschreiben. Sofort korrigierte sie ihren Fehler, strich den Anfangsbuchstaben B aus und schrieb: «Eva Hitler, geb. Braun».

99. Wie brachten sich Adolf und Eva Hitler um? Gegen 15.15 Uhr, am Nachmittag des 30. April 1945, verabschiedeten sich Hitler und seine frisch angetraute Frau von den engsten Mitarbeitern und zogen sich anschließend in ihre Räume im Tiefbunker zurück. Kurz nach 15.30 Uhr öffnete Diener Heinz Linge die Tür zu Hitlers Arbeitszimmer, warf einen kurzen Blick hinein und meldete Bormann: «Herr Reichsleiter, es ist passiert!»

Wie Adolf und Eva Hitler Selbstmord verübten, darüber existieren unterschiedliche Versionen. Nach Anton Joachimsthaler («Hitlers Ende», 1995), der aufgrund eines kritischen Abgleichs aller Zeugenaussagen den Tathergang akribisch rekonstruiert hat, bot sich den Eintretenden folgendes Bild: Auf der linken Seite des Sofas – vom Betrachter aus gesehen – saß Hitler, den Kopf leicht nach vorn geneigt. Seine rechte Schläfe wies eine zehnpfenniggroße Einschusswunde auf, von der Blut die Wange herunterlief. Auf dem Boden hatte sich eine tellergroße Blutlache gebildet. Dem herabhängenden rechten Arm war die Pistole entglitten und lag neben Hitlers rechtem Fuß. Auf der rechten Seite des Sofas saß Eva Braun mit hochgezogenen Beinen. Sie hatte sich mit einer Blausäureampulle vergiftet; ihre Leiche strömte einen bittermandelähnlichen Geruch aus.

Vermutlich hat auch Hitler, um ganz sicherzugehen, kurz bevor er sich eine Kugel in den Kopf schoss, eine Blausäurekapsel zerbissen. Denn im Mund der stark verkohlten Leiche, die sowjetische Gerichtsmediziner zwischen dem 7. und 9. Mai 1945 als die Hitlers identifizierten, befanden sich Glassplitter einer Ampulle.

100. Was geschah mit den Leichen der beiden? Gegen Mittag des 30. April 1945 teilte Hitler seinem persönlichen Adjutanten, SS-Sturmbannführer Otto Günsche, mit, dass er sich am Nachmittag mit seiner Frau das Leben nehmen werde. Ihre Leichen sollten verbrannt werden, da er nicht wolle, dass sie in Moskau zur Schau gestellt würden. Günsche beauftragte daraufhin Hitlers Chauffeur Erich Kempka, zehn Benzinkanister zu besorgen und am Notausgang zum Garten der Reichskanzlei abzustellen.

Nur wenige Minuten nach vollzogenem Doppelselbstmord trug man die Leichen Hitlers und seiner Frau die Treppe hinauf in den Garten der Reichskanzlei und legte sie drei bis vier Meter vom Bunkerausgang nieder. Währenddessen ging ein Hagel von Artilleriegeschossen über der Reichskanzlei nieder. In einer Feuerpause stürzten Günsche, Kempka und Linge hinaus und leerten die bereitgestellten Benzinkanister über die Leichen aus. Zunächst gelang es nicht, das Benzin zu entzünden, da der durch die Detonation der Granaten entfachte Wind die Streichhölzer immer wieder ausblies. Schließlich drehte Linge aus einem Stück Papier eine Fackel und schleuderte sie auf die Leichen. Augenblicklich schoss eine helle Flamme empor. Über zwei Stunden dauerte die Verbrennung. Die sterblichen Überreste Adolf und Eva Hitlers wurden am Abend des 30. April auf Befehl Günsches von zwei SS-Leuten aus Hitlers Leibwache in einer Mulde im Garten der Reichskanzlei verscharrt.

Erst am Abend des 1. Mai, um 22.26 Uhr, meldete der Sender Hamburg den Tod Hitlers: Er sei «heute Nachmittag in seinem Befehlsstand in der Reichskanzlei bis zum letzten Atemzug gegen den Bolschewismus kämpfend für Deutschland gefallen». Nicht nur über den Zeitpunkt, sondern auch über die Umstände von Hitlers Tod wurde die Öffentlichkeit also bewusst belogen. In einer Rede im Anschluss an die Meldung erklärte auch Großadmiral Karl Dönitz, den der Diktator als seinen Nachfolger eingesetzt hatte, Hitler sei «den Heldentod in der Hauptstadt des Deutschen Reiches» gestorben.

Bereits am 1. Mai 1945 erfuhren die sowjetischen Befehlshaber aus dem Munde des deutschen Generalstabschefs des Heeres, Hans Krebs, dass Hitler sich am 30. April umgebracht hatte und seine Leiche verbrannt worden war. Nachdem Rotarmisten am 2. Mai die Reichskanzlei besetzt hatten, begannen sie sofort mit der Suche nach den sterblichen Überresten Hitlers. Dabei entdeckten sie neben stark verkohlten Leichenteilen eine Oberkiefergoldbrücke mit Porzellanfacetten und einen Unterkieferknochen mit Zähnen und Brücke. Ein Zahntechniker und eine Zahnarzthelferin, die in der Praxis von Hitlers Zahnarzt Hugo Blaschke gearbeitet hatten, identifizierten den Fund als zweifelsfrei vom toten Diktator stammend. Auch konnten sie zwei untere Zahnbrücken eindeutig Eva Braun zuordnen. Obwohl Stalin also frühzeitig über den Selbstmord Hitlers und seiner Geliebten informiert war, hielt er noch jahrelang an der Fiktion fest, Hitler sei noch am Leben und halte sich irgendwo verborgen.

101. Wie reagierten die Deutschen auf den Tod Hitlers? Unter fanatischen Hitler-Anhängern, die bis zuletzt auf die Versprechungen von «Wunderwaffen» und «Endsieg» vertraut hatten, löste die Nachricht vom Tod des Diktators ein Gefühl von Trauer aus, gemischt mit Selbstmitleid. So klagte die Germanistikstudentin Lore Walb am 2. Mai 1945 in ihrem Tagebuch: «Er hat nun Ruhe, für ihn ist es so gewiß am besten. Aber wir? Wir sind verlassen und allem ausgeliefert und können in unserem Leben nicht wieder aufbauen, was dieser Krieg vernichtet hat.» Die meisten Deutschen aber scheinen teilnahmslos, wenn nicht gar erleichtert gewesen zu sein. Hitlers Popularität war in den letzten Kriegsjahren immer mehr zurückgegangen, und mit dem Führermythos hatte auch der Nationalsozialismus einen großen Teil seiner Anziehungskraft eingebüßt. Die Journalisten Ursula von Kardorff beobachtete am 2. Mai in Berlin: «Den Menschen hier ist es völlig gleichgültig, ob Hitler, der einst so vergötterte, geliebte Führer, noch lebt oder schon tot ist. Er hat seine Rolle ausgespielt.»

Der Prozess der «Selbstentnazifizierung», der bereits vor Kriegsende eingesetzt hatte, beschleunigte sich nach Hitlers Tod und der bedingungslosen Kapitulation in rasantem Tempo. Überall wurden die Symbole der NS-Herrschaft – Führerbilder, Exemplare von «Mein Kampf», Parteiabzeichen, Hakenkreuzfahnen – beseitigt. Über Nacht verwandelten sich überzeugte Nationalsozialisten in entschiedene Gegner des Regimes. Dem deutsch-jüdischen Gelehrten Victor Klemperer, der sich nach der Bombardierung Dresdens im Februar 1945 mit seiner Frau in ein bayerisches Dorf hatte flüchten können, fiel Anfang Mai auf: «Jetzt ist jeder hier *immer* Feind der Partei gewesen (...) Das 3. Reich ist schon so gut wie vergessen.»

Das gläubige Vertrauen, das man Hitler lange Jahre entgegengebracht hatte, verkehrte sich ins Gegenteil. Der einst gepriesene Heilsbringer wurde nun zur Unperson erklärt, zu einem Dämon, gegen dessen teuflische Verführungskünste man sich nicht habe zur Wehr setzen können. So entzog man sich der Mitverantwortung für die beispiellose zivilisatorische Katastrophe, in die Hitler Deutschland und die Welt gestürzt hatte.

Quellen- und Literaturhinweise

I. Quellen

Akten der Reichskanzlei. Die Regierung Hitler. Teil I und II: 1933/34. Bearbeitet von Karl Heinz Minuth, Boppard a. Rh. 1983

Akten der Reichskanzlei. Die Regierung Hitler, Bände II–IX: 1934–1942. Bearbeitet von Friedrich Hartmannsgruber (bis Bd. VIII), Peter Keller und Hauke Marahrens (Bd. IX), München 1999–2017

Der Hitler-Prozeß. Hrsg. und kommentiert von Lothar Gruchmann und Reinhold Weber unter Mitarbeit von Otto Gritschneder, 4 Bände, München 1997

Domarus, Max: Hitler. Reden und Proklamationen. Hrsg. und kommentiert von einem Zeitgenossen, 2 Bände in vier Teilbänden, München 1965

(Goebbels, Joseph) Die Tagebücher von Joseph Goebbels. Hrsg. von Elke Fröhlich, Teil I: Aufzeichnungen 1922–1941, 9 Bände in 14 Teilbänden, München 1998–2006; Teil II: Diktate 1941–1945, 15 Bände, München 1993–1996

Hitler, Adolf: Reden – Schriften – Aufzeichnungen, Februar 1925 bis Januar 1933. Hrsg. vom Münchner Institut für Zeitgeschichte, 6 Bände in 13 Teilbänden, München 1992–2003

Hitler, Mein Kampf. Eine kritische Edition. Hrsg. von Christian Hartmann, Thomas Vordermayer, Othmar Plöckinger, Roman Töppel, 2 Bände, München-Berlin 2016

Hitler, Adolf: Monologe im Führerhauptquartier 1941–1944. Die Aufzeichnungen Heinrich Heims. Hrsg. von Werner Jochmann, Hamburg 1980

Hitlers Tischgespräche im Führerhauptquartier. Hrsg. von Henry Picker, 3. vollständig überarbeitete und erweiterte Neuausgabe, Stuttgart 1976

II. Literatur

Bullock, Alan: Hitler. Eine Studie in Tyrannei, Düsseldorf 1953

Fest, Joachim: Hitler. Eine Biographie, Frankfurt/M.-Berlin-Wien 1973

Haffner, Sebastian: Anmerkungen zu Hitler, München 1978

Heiden, Konrad: Adolf Hitler, Bd. 1: Das Zeitalter der Verantwortungslosigkeit, Bd. 2: Ein Mann gegen Europa, Zürich 1936/37

Kershaw, Ian: Hitler, Bd. 1: 1889–1936, Bd. 2: 1936–1945, Stuttgart 1998/2000
Longerich, Peter: Hitler. Biographie, München 2015
Pyta, Wolfram: Hitler. Der Künstler als Politiker und Feldherr. Eine Herrschaftsanalyse, München 2015
Thamer, Hans-Ulrich: Adolf Hitler. Biographie eines Diktators, München 2018
Ullrich, Volker: Adolf Hitler, Bd. 1: Die Jahre des Aufstiegs 1889–1939, Bd. 2: Die Jahre des Untergangs 1939–1945, Frankfurt/M. 2013/18

Bildnachweis

S. 5 *(oben)*, 13 und 23: Scherl/Süddeutsche Zeitung Photo, München
S. 5 *(unten)*, 28 und 32 (1: hoff - 1845; 2: hoff - 1848; 3: hoff - 1847; 4: hoff - 1843): Bayerische Staatsbibliothek München/Bildarchiv - Fotoarchiv Heinrich Hoffmann
S. 6 *(oben)*, 40 und 46: United Archives/TopFoto/Süddeutsche Zeitung Photo, München
S. 6 *(unten)*, 52 und 62: Scherl/Süddeutsche Zeitung Photo, München
S. 7 *(oben)*, 66 und 68: SZ Photo/Süddeutsche Zeitung Photo, München
S. 7 *(unten)*, 84 und 91: Roger-Viollet/ullstein bild, Berlin
S. 8, 105 und 116: Bayerische Staatsbibliothek München/Bildarchiv - Fotoarchiv Heinrich Hoffmann
S. 9 *(oben)*, 124 und 137: ullstein bild, Berlin
S. 9 *(unten)*, 142 und 148: United Archives/World History Archive/ullstein bild, Berlin

Personenregister